나의 데스티니 찾기

DESTINY

나의
데스티니
찾기

고성준

규장

How to find my destiny?

"어떻게 나의 데스티니를 알고 이룰 수 있을까요?"

《데스티니 : 하나님의 계획》이 출판되고 나서 가장 많이 받았던 질문이다. 이 질문을 받을 때마다 나는 부담이 되기도 하고 더럭 겁이 나기도 했다. 한 사람의 인생이 걸린 문제가 아닌가! 즉흥적으로 대답할 것이 아니라 좀 더 깊이 있는 답을 주고 싶었다. 그것이 데스티니에 대한 두 번째 책을 써야겠다고 결심한 이유다.

이번 책의 주제는 "어떻게"다. '어떻게' 나의 데스티니를 발견할 수 있을까? '어떻게' 나의 데스티니를 이룰 수 있을까? 반대로 '어떻게' 하면 데스티니가 파괴되고 망가지는가? 만약 당신이 알고 싶어 하는 것이 바로 이런 '어떻게'에 관한 것이라면, 이 책은 당신을 위한 책이다.

하지만 한 가지 알아야 할 것이 있다. 데스티니에 대한 질문들은 많은 경우 오엑스(OX)로 해답이 주어지지 않는다는 사실이다. 데스티니는 퀴즈의 '정답 찾기'가 아니라 창조주 하나님과 함께 걷는 '여정'이기 때문이다. 여정은 목적지에 도착하는 것만이 목적은 아니다.

몇 년 전 가족들과 함께 안식년을 가졌다. 마침 큰아들도 입대를 앞두고 휴학한 상태였고, 둘째 아들은 홈스쿨링을 하기로 해서 온 가족이 함께 긴 여행을 떠났다. 목적지는 이스라엘이었다. 모아놓은 항공사 마일리지를 사용하기로 했는데, 이스라엘까지 직항으로 가나, 아니면 중간에 유럽 여러 나라들을 들러서 가나 차감되는 마일리지는 똑같았다. 횡재했다!

우리는 망설임 없이 그동안 가고 싶었던 나라들을 모두 들르기로 했다. 여러 나라를 거치는 복잡한 여정이었기에 완벽주의자인 나는 비행기 시간과 숙소, 교통수단까지 한 치의 오차도 없는 완벽한 계획을 세웠다. 하지만 처음 가보는 나라들이 많았기 때문에 긴장을 늦출 수 없었다.

"내일은 아침 6시 15분에는 일어나야 해. 그래야 7시에 아침을 먹고, 렌터카를 9시 15분까지 반납하고 늦지 않게 비행기를 탈 수 있어."

"오늘 점심은 예약해둔 루체른의 식당에서 먹을 거야. 12시까지

도착해야 하고, 다음 일정에 차질을 주지 않으려면 식사는 1시까지 마쳐야 한다."

어느새 나의 온 관심은 계획을 차질 없이 진행하는 데 가 있었다. 어느 날 여행에 지친 아들이 내게 물었다.

"아빠, 아빠는 시간을 지키는 것이 이 여행의 목적이에요?"

그렇다. 여행의 목적은 가족들과 함께하는 것이다. 사랑하는 사람들과 여정을 함께하며 맛있는 음식을 먹고 아름다운 경치도 즐기는 것이지, 계획에 맞춰서 목적지에 다다르는 것이 여행의 목적은 아니다. 초긴장 속에 목적했던 이스라엘에 정확히 도착한다고 한들, 그것을 성공적인 여행이라고 할 수 있을까? 여정이 계획했던 것과 좀 달라진들 어떤가? 여행의 목적이 목적지에 다다르는 것이 아니라 가족들과 함께 걷는 것이라면, 시간이 좀 늦어지면 어떤가? 힘든 가족이 있다면 보조를 맞춰서 천천히 걸을 수도 있고, 아름다운 호수에 마음을 빼앗겼다면 하루 더 머물 수도 있는 것이 아닌가? 필요하다면 중간에 계획을 바꿀 수도 있고, 최종 목적지까지 가지 않고 중도에 멈출 수도 있다.

여정의 의미는 그 여정에서 만들어지는 '스토리'의 소중함에 있다. 우리 인생을 의미 있게 하는 것은 이렇게 만들어진 스토리가 주는 추억이리라. 어디를 거쳐 목적지에 이르는가? 목적지에 이를 때까지 어떤 스토리가 만들어지는가? 그리고 무엇보다 누구와 그 여정을 함께했는가? 이것이 여정에 있어 목적지에 도착하는 것보다 더 중요한 것들이다.

데스티니는 하나님과 함께 걷는 여정이다. 정답을 찾는 퀴즈가 아니다. 정답을 찾듯이 데스티니를 대하지 말라. 끝까지 가지 않아도 괜찮다! 중간에 방향을 바꿔도 괜찮고, 심지어 가던 길을 되돌아올 수도 있다. 괜찮다. 이 여정 동안 하나님과 함께 걸었다면 말이다! 가다가 아름다운 호수를 만나거든 하루 더 머물러도 좋고, 지도를 보고 찾아간 장소가 의도하지 않았던 곳이어도 괜찮다. 너무 당황스럽다면 하나님과 서로 얼굴을 마주보며 한번 크게 웃고, 툭툭 털고 일어나 다시 여정을 계속하라. 여정을 마무리할 때가 되면, 이 모든 순간들이 나를 미소 짓게 만드는 추억이 될 테니까.

데스티니는 '목적지'에 다다르는 미션이 아니다. 그것은 사랑하는 이들과 함께 만들어가는 여정이다. 그 여정을 통해 만들어진 하나님과 당신의 스토리! 바로 그 스토리가 하나님의 서재에 소중히 보관될 당신의 데스티니다. 성경의 인물들이 그랬던 것처럼 말이다. 모세가 하나님과 동행하며 만들었던 스토리, 다윗이 광야에서 하나님과 만들었던 스토리, 엘리야가 갈멜산에서 하나님과 만들었던 스토리, 이 스토리들이 하나님의 서재, 성경에 보관된 그들의 데스티니였다.

자, 하나님의 서재를 열어보자! 성경의 인물들은 어떻게 하나님과 함께 걸었고, 그 여정을 통해 어떤 스토리를 만들었는지, 또는 어떻게 실패했으며 그 대가는 무엇이었는지, 이들이 들려주는 입체적인 데스티니 여정의 이야기에 귀 기울이다보면, 당신의 데스티니 여정도 어느덧 하나님과의 더 깊은 동행으로 이어질 것이다. 그리고 언젠가 당신의 스토리 또한 하나님의 서재에 소중하게 더해질 것이다. 이 땅에서 당신의 여정을 통해 천국에서 영원히 기억될 추억의 스토리들이 만들어지기를 축복한다.

나의 데스티니 여정에 동반자가 되어준 가족들, 하나교회 식구들, 'Break Through Network'의 동역자들, 이들이 없었다면 나의 데스티니는 온전하지 못했을 것이다. 감사하다. 끝까지 교정을 보느라 밤잠을 설쳤을 홍택규, 안지영 교수님께도…. Thank You!

"당신들이 없었다면 나의 데스티니 여정은 황량했을 것입니다!"

자, 그럼 데스티니, 그 두 번째 이야기를 시작해보자. 안식년 여정에서는 시간 지키기에 급급했지만, 데스티니 여정에서는 그러지 않으리라 다짐하며….

고성준

《데스티니 : 하나님의 계획》을 읽지 않은 독자들에게 ──────

'데스티니'라는 단어를 들어보았는가? 이 단어가 생소하다면, 아직 《데스티니 : 하나님의 계획》을 읽지 않은 독자이리라. 상관없다. 가능하다면 먼저 그 책의 일독을 권하지만, 꼭 그렇지 않더라도 이 책을 읽는 데 큰 불편함은 없을 것이다.

첫 책에서 이야기했듯이, 모든 사람에게는 데스티니가 있다. 이것은 우리말의 '운명'이나 '팔자'와 조금 다른데, "하나님의 계획"이라는 뜻이다. 하나님께서는 태초부터 한 사람 한 사람을 향하여 인생 설계도를 가지고 계신다. 하나님은 우리를 향해 아주 특별하고 사랑 넘치는 계획을 가지고 계신데, 왜냐하면 그분이 우리 아버지이시기 때문이다. 당신에게는 데스티니가 있다. 당신은 우연히 이 땅에 던져진 존재가 아니다. 당신을 향한 창조주의 섬세하고 애정 어린 계획이 있다. 그 계획을 발견하고 이루어갈 때 세상 누구보다도 행복해지는 그런 계획 말이다.

인생의 성공과 실패는 돈이나 명예, 지위나 업적 등으로 평가될 수 없다. 왜냐하면 우리에게는 창조주가 계시기 때문이다. 우리의 인생을 설계한 분이 계신다면, 인생의 성공은 "창조주가 계획한 설계도대로 살아간 것"으로 정의되어야 마땅하지 않은가? 우리 인생이 특별하기를 원하시는 하나님께서는 데스티니 안에 수많은 축복을 심어 놓으셨다. 그렇기 때문에 우리가 하나님이 예정하신 데스티니의 길을 갈 때, 마치 보물찾기를 하듯 인생 여정 이곳저곳에서 하나님의 놀라운 보물들을 발견하게 되는 것이다.

그러나 불행하게도 데스티니를 발견하고 그것을 충만하게 사는 사람은 그리 많지 않다. 대부분의 사람들은 자신의 데스티니를 깨닫지 못한 채 다른 곳에서 인생을 낭비하며 살아간다. 이것이 우리가 인생의 충만함을 누리지 못하는 진짜 이유다. 우리를 향한 하나님의 복된 계획을 발견하고 그것을 성취하며 산다면, 누구라도 놀라운 삶을 살게 될 것이다.

당신의 데스티니를 발견하고 성취하기를 축복한다. 왜냐하면 그것이 하나님이 계획하신 당신 삶의 진짜 목적이기 때문이다. 데스티니를 발견하고 성취하는 자리에 있을 때 당신은 하늘에서 부어지는 축복을 누릴 수 있다.

프롤로그

《데스티니 : 하나님의 계획》을 읽지 않은 독자들에게

1 존재적 데스티니 : 아담에게 물어봐!

2 살롬 : 두려움과 불안을 넘어 데스티니로!

CONTENTS

PART 1

존재적 데스티니

아담에게 물어봐!

인간에게는 존재적 데스티니가 있다. 그것은 행위나 성취와 관계없이 그저 '인간'이기에, 하나님의 형상으로 창조된 '존재'이기에 주어지는 데스티니이다.

"어떻게 나의 데스티니를 발견하고 누릴 수 있을까?" 이 질문을 아담에게 던진다면 그는 과연 무엇이라 대답할까? 같은 질문을 아벨에게 묻는다면? 험난한 인생을 살았던 야곱은? 삼손의 데스티니는 왜 꼬였을까? 궁금하지 않은가? 성경에 기록된 인물들의 이야기는 데스티니를 연구하는 보물창고다. 데스티니에 대해 궁금한 것이 있다면 이들에게 물어보자. 성실하고 친절하게 답해줄 것이다. 자, 인터뷰를 시작해보자. 누구냐고? 당연히 첫 번째는 아담이다!

아담은 '어떻게'라는 우리의 질문에 두 가지 이야기를 들려준다. 첫째, 아담의 데스티니는 아담 개인의 것이기 이전에 인류 모든 데스티니의 프로토타입(Prototype, 원형)이라는 것이다. 아담과 하와의 데스티니는 모든 인류를 향한 하나님의 창조 계획이며 인간의 존재 목적이다. 특히 타락하기 이전에 아담과 하와가 가지고 있었던 데스티니는 인간의 존재적 데스티니를 보여준다.

그런 의미에서 아담과 하와의 데스티니는 구체적으로 어떤 직업을 가질 것이며 어디서 살고 어떤 사역을 할 것인지, 이런 차원의 것이 아니다. 이들의 데스티니는 인간의 가장 깊고 본질적인 질문에 대한 대답이다. "인간의 데스티니는 무엇인가?", "인간이 존재하는 이유는 무엇인가?"

인간에게는 데스티니를 향한 존재론적인 갈망이 있다. 하나님께서 아담을 창조하시고 그 속에 생기를 불어넣으셨다. 그 생기는 아담의 깊은 곳에 '무언가를 향한 갈망'을 일으키는데, 이 갈망은 아담의 데스티니를 이루어가게 하는 엔진이다. 당신의 마음 깊은 곳에 무언가를 향한 갈망이 있는가? 그렇다면 잘 들여다보라. 하나님께서 심어놓으신 '데스티니를 향한 갈망'일지 모른다.

물론 모든 갈망이 데스티니를 향한 갈망은 아니다. 죄로 인해 생기는 파괴적인 갈망도 있으니까. 그러나 우리 영혼 깊은 곳에 존재하는 어떤 갈망은 분명 데스티니를 향한 하나님의 디자인이다. 아담과 하와 속에 있던 갈망은, 인간 영혼 깊은 곳에 심어진 데스티니,

나와 당신의 '존재적 데스티니'가 무엇인지 이야기해준다.

아담이 들려주는 데스티니에 관한 두 번째 이야기는, 첫 사람 아담에게는 못다 이룬 데스티니가 있다는 것이다. 아담을 향한 하나님의 위대하고 복된 계획에도 불구하고, 아담과 하와는 죄로 인해 그들의 데스티니를 망가뜨리고 말았다. 소중한 보물이 깨져버렸다. 하지만 감사하게도 하나님께서는 거기서 포기하지 않으셨다. 이어지는 인류의 이야기, 성경의 이야기는 아담의 못다 이룬 데스티니를 회복시켜 가시는 하나님의 이야기다.

그리고 그 위대한 이야기 속에 나와 당신의 데스티니가 있다. 우리 안에 있는 아담의 못다 이룬 데스티니는 무엇일까? 그것을 끄집어내어 현실로 만들어보고 싶지 않은가? 보물창고를 열어보자! 그렇다. 성경 말이다! 1부에서는 성경의 두 인물, 아담과 아벨이 들려주는 존재적 데스티니에 관해 들어보자.

1

데스티니의 프로토타입 – 아담과 하와

27 하나님이 자기 형상 곧 하나님의 형상대로 사람을 창조하시되 남자와 여자를 창조하시고 28 하나님이 그들에게 복을 주시며 하나님이 그들에게 이르시되 생육하고 번성하여 땅에 충만하라, 땅을 정복하라, 바다의 물고 기와 하늘의 새와 땅에 움직이는 모든 생물을 다스리라 하시니라 … 31 하 나님이 지으신 그 모든 것을 보시니 보시기에 심히 좋았더라 저녁이 되고 아침이 되니 이는 여섯째 날이니라 창 1:27,28,31

기쁨이 되는 존재

1993년 5월 25일. 놀라운 일이 일어났다. 내가 아빠가 되었다! 눈도 뜨지 못하는 갓난아이를 팔에 안는 순간 뭐라 설명할 수 없는 뜨거운 것이 내 속에서 올라왔다.

'이게 뭐지?'

한 번도 경험해보지 못한 감정에 나는 그만 울컥하고 말았다. 한 마디로 설명하기 어려운 감정이었는데, 그것은 감격과 경외, 신비와 감탄이 뒤섞인 '기쁨'이었다. 그리고 알았다.

'이 아이는 누군가의 기쁨을 위해 태어난 존재구나!'

이 조그만 존재의 데스티니는 너무나 분명했다.

사실 나는 아이들을 별로 좋아하지 않았다. 아이들을 어떻게 다루어야 할지 잘 몰랐고, 무엇보다 아이들이 있으면 귀찮았다. 나는 아이들과 거리가 먼 사람이었다. 그래서 첫 아이가 태어나기 전까지 아이가 내게 기쁨을 주리라고는 상상도 하지 못했다. 그런데 놀랍게도 병원에 누워 있는 조그만 아이가 나를 완전히 바꾸어버렸다.

아이의 존재가 내 삶의 모든 공간을 기쁨으로 채워버렸다. 그것도 주체할 수 없는 큰 기쁨으로! 당신도 자녀가 있다면 아마 비슷한 경험을 했을 것이다.

아이가 태어나면 사람들은 왜 기뻐할까? 심지어 아이를 좋아하지 않는 나 같은 사람조차 기쁘게 하는 것은 무슨 힘일까? 그 기쁨의 이유는 "인간은 그 존재 자체가 누군가의 기쁨이 되는 것"이기 때문이다. 그렇다. 아담의 첫 번째 데스티니는 누군가의 기쁨이 되는 것이었다. 아담을 창조하시고 하나님께서 심히 좋아하셨다!(창 1:31) 아담과 하와는 하나님의 기쁨을 위해, 그리고 서로서로의 기쁨을 위해 창조되었다. 그래서 하나님은 그들이 거할 동산을 "기쁨의 동산"이라고 부르셨다. 에덴은 기쁨이라는 뜻이다.

인류의 프로토타입인 아담의 데스티니가 '기쁨을 주는 존재'라면 당신의 데스티니 역시 그렇다. 당신은 누군가의 기쁨을 위한 존재다. 당신의 내면을 들여다보라. 당신 안에 갈망이 느껴지지 않는가? 남편의 기쁨이 되고 싶고, 아내의 기쁨이 되고 싶고, 부모님의 기쁨이 되고 싶고, 친구의, 선생님의 기쁨이 되고 싶은 갈망 말이다. 이 갈망은 하나님이 당신 안에 불어넣으신 '데스티니를 향한 존재론적 갈망'이다. 당신은 존재 자체가 기쁨이다. 애써 증명할 필요가 없다. 그저 받아들여라. 누가 뭐라든 그것과 상관없이 당신의 데스티니는 기쁨을 주는 존재라는 사실을 말이다. 대단한 예배를 드리지 않아도 괜찮다. 인생을 바보처럼 살았다고 느껴도 괜찮다. 그것과 상관없이 당신은 존재 자체가 기쁨이다. 하나님이 당신을 그렇게 만드셨고 하나님이 당신을 그렇게 느끼고 계신다.

> 너의 하나님 여호와가 너의 가운데에 계시니 그는 구원을 베푸실 전능
> 자이시라 그가 너로 말미암아 기쁨을 이기지 못하시며 너를 잠잠히 사
> 랑하시며 너로 말미암아 즐거이 부르며 기뻐하시리라 하리라 습 3:17

믿어지는가? 하나님이 당신의 이름을 부르며 기뻐하신다. 이것이 당신의 실체다! 그리고 이 실체를 알았다면 이제 그 실체에 합당한 곳에 당신을 두라. 실제로 누군가의 기쁨이 되는 자리에 당신을 두라는 것이다. 이전에 경험해보지 못한 행복을 경험하게 될 것이다. 왜냐하면 하나님은 우리가 데스티니를 발견하고 이루어갈 때 가장 행복하도록 우리를 디자인하셨기 때문이다. 우리는 우리의 데스티니대로 누군가의 기쁨이 될 때 가장 행복할 수 있다.

행복의 나라로

장막을 걷어라
너의 좁은 눈으로
이 세상을 떠보자

창문을 열어라

춤추는 산들바람을

한 번 더 느껴보자

가벼운 풀밭 위로

나를 걷게 해주세

봄과 새들의 소리 듣고 싶소

울고 웃고 싶소

내 마음을 만져줘

나도 행복의 나라로 갈 테야

양희은 씨가 불렀던 '행복의 나라로'라는 노래 가사인데, 나는 학창 시절에 이 노래를 가장 좋아했다. 이 노래만 들으면 이상하게 눈물이 났다. 나는 어려서 말을 심하게 더듬었다. 의미 있는 존재가 되고 싶고, 멋진 인생을 살고 싶은 내 안의 갈망은 말더듬이라는 장애 속에 갇혀서 속앓이가 되었다. 친구들의 놀림도 속상했고, 내 속의 생각을 자유롭게 표현하지 못하는 것도 답답했다. 운동이라도 잘했으면 좋았으련만, 그것 역시 타고 나지 못했다. 놀리는 친구들을 속 시원히 두들겨 패주고 싶었지만 싸움에도 소질이 없던 나는 늘 맞고 다녔다. 답답하고 우울했다. 나를 가두고 있던 장막을 걷어버리고 싶은 갈망에, 창문을 활짝 열고 싶은 갈망에 기타를 퉁기며 열심히 이 노래를 불렀다.

"나도 행복의 나라로 갈 테야!"

'근데 내 인생이 정말 행복해질 수 있을까?' 속으로는 이런 의문이 가득한 채로 말이다.

나뿐 아니라 사람들은 모두 '행복의 나라'에 이르길 원한다. 그런데 그곳에 이르는 길을 아는 사람은 많지 않아 보인다. 나도 그랬다. 말더듬으로 무너진 나의 자아는 나를 증명해 보이고 싶어 했다. 나를 놀리고 비웃는 친구들보다 내가 더 뛰어난 사람이란 것을 증명해 보일 수 있다면 행복할 것 같았다.

"그래, 공부를 하자! 서울대학을 들어가서 나를 놀리던 친구들에게 보여주는 거야. 내가 얼마나 가치 있는 존재인지를!"

나는 이를 악물고 공부했다. 그리고 마침내 서울대학에 들어가게 되었다. 행복했다! 친구들 모두가 부러워했고 나는 승리를 만끽할 수 있었다. '맞아! 이거야! 나는 드디어 내 존재를 증명했어. 쓸모 있는 사람이라는 것을 보였어! 나는 행복해!' 정말 행복하다고 느꼈다. 그러나 놀랍게도 이 행복은 그리 오래가지 못했다. 불과 반년도 안 되어서 나는 또 다른 고통 속에 신음하고 있었다. 그것은 원하는 것을 성취하고 난 후에 오는 '허무'였다.

"그다음은 뭐지? 이제 나는 뭘 해야 하지?"

인생의 방향을 잃어버렸다. 이제는 무엇을 해야 할지 막막했다. 내가 기대했던 행복이 아니었다. 1985년 겨울, 나는 허무의 고통 속에서 허우적거리고 있었다. 나를 비웃던 친구들에게 보란 듯이 복수

했는데도 말이다. 그 길은 '행복의 나라로' 가는 길이 아니었다! 그리고 감사하게도 그해 겨울, 나는 예수 그리스도를 만나고 거듭나게 되었다.

누군가에게 도움이 되는 기쁨

거듭나고 얼마 지나지 않은 어느 날, 교회 선배 한 분이 야학에 수학 선생님이 필요한데 한번 해보지 않겠느냐는 제안을 했다. 그러겠다고 하고 날짜를 정했다. 당시만 해도 경제적인 이유로 학교를 다니지 못해 낮에는 돈을 벌고 밤에는 무료로 공부를 가르쳐주는 곳에서 배움을 이어가는 사람들이 꽤 많았다. 이 비인가 교육기관을 "야간에 여는 학교"라는 뜻에서 야학(夜學)이라고 했다. 처음으로 야학 학생들을 만나는 날 내 인생은 커다란 전환점을 맞이한다.

'이상하다. 왜 이렇게 설레지?'

처음 야학 학생들을 만나러 가는 버스 안이었다. 마치 연인을 만나러 가는 듯, 심장이 콩닥콩닥 뛰었다. 새로운 수학 선생님이 오신다는 말에 학생들은 들떠 있었다. 수학 선생님이기 때문에 들떠 있었다기보다 누군가 자신들을 찾아온다는 사실이 이들을 들뜨게 했던 것 같다. 학생들은 기쁨으로, 진심이 담긴 기쁨으로 나를 맞아주었다. 행복했다!

'와, 내가 누군가의 기쁨이 되다니!'

수업을 마치고 집으로 돌아오는 버스 안에서 내게 빛이 임했다. 행복의 나라로 가는 길을 비춰주는 빛! 내가 누군가의 기쁨이 된다는 것, 내가 누군가에게 도움이 된다는 사실이 나를 행복으로 인도하고 있었다. 야학을 운영하던 분의 사정으로 이 만남이 길게 이어지지는 못했지만, 나에게는 새로운 길이 열리고 있었다. 행복의 나라로 향하는 길이! 나를 가두고 있던 장막이 걷히고 있었다.

새로운 행복을 발견하고 주위를 둘러보니 내가 기쁨을 줄 수 있는 많은 기회들이 보였다. 국립맹아학교에서 수학 보조교사를 구한단다. 대부분의 맹학교(盲學校) 학생들은 장애로 인해 대학 진학 대신 기술을 배웠다. 그런데 그중 대학 진학을 원하는 학생들이 몇몇 있었다. 그들에게 수학을 가르쳐줄 선생님이 필요하다는 것이었다. 나는 당장 지원했고 처음 그들을 만나러 가는 버스에서 동일하게 심장이 뛰었다. 설렘과 기대! 그리고 예상한 대로 놀라운 기쁨이 거기 있었다. 감사하게도 이 기쁨은 대학생활 내내 지속되었다. 새로운 기쁨은 계속되었다. 장애인들의 친구가 되는 일도 기쁨이었고, 가난한 이웃들의 도움이 되는 것도 기쁨이었다.

돈으로 살 수 있는 행복

몇 년 뒤 미국으로 유학을 가게 되었다. 교회 소그룹에서 만난 S형제는 미국으로 이민 와서 자동차 정비 일을 하던 친구였다. 비정

규 직원으로 일하고 있던 S형제의 꿈은 정비학교를 졸업하고 자기 정비소를 여는 것이었다. 그러나 아무도 도와줄 사람이 없던 형제에게는 하던 일을 쉬고 정비학교를 다닐 만한 여유가 없었다. 그가 소그룹 모임에서 기도를 부탁했다. 3천 달러만 있으면 잠시 일을 쉬고 학교를 다닐 수 있다고 하는 그 형제의 말에 집으로 돌아오는 내내 통장에 있는 3천 달러가 자꾸 생각났다. 다음 학기 등록금이었다.

'안 돼! 이 돈이 없으면 다음 학기 등록은 어떻게 하려고!'

가난한 유학생에게는 제법 큰돈이었지만 하나님께서 계속 말씀하셨다.

"등록금은 내가 책임질 테니, 너는 형제의 기쁨이 돼라."

결국 형제에게 3천 달러를 헌금했다. 물론 그 형제가 모르게…. 다음 소그룹 모임에서 형제를 만났을 때, 웃고 있는 형제의 얼굴이 마치 해처럼 빛나고 있었다. 그렇게 행복해하는 모습은 처음 봤다. 그런데 이상하게도 행복한 형제의 모습을 보고 있는 내가 더 행복했다. 내가 형제의 기쁨이 된 것이다. 그렇다. 돈으로도 행복을 살 수 있다!

그 후 형제는 정비학교를 졸업하고 자기 정비소를 열게 되었고, 헌금한 사람이 나였다는 사실도 알게 되었다. 나는 유학생활 동안 자동차 걱정 없이 살았다! 더욱이 1년 뒤에나 받을 수 있을 것으로 생각했던 조교(Teaching Assistant) 장학금을 미리 받게 됨으로 등록금도 해결되었다. 당신도 행복을 원하는가? 그렇다면 사라. 당신의 돈으로 행복을 살 수 있다!

오, 복된 데스티니!

행복은 데스티니와 깊이 연결되어 있다. 하나님께서 우리를 창조하실 때 데스티니가 이루어지면 행복하도록 그렇게 창조하셨기 때문이다. 그렇기 때문에 우리는 누군가의 기쁨이 될 때, 데스티니가 이루어질 때 행복하다. 무언가를 성취했을 때도 아니고, 원수에게 통쾌하게 복수했을 때도 아니다. 누군가의 기쁨이 되었을 때! 바로 그때 우리는 가장 행복할 수 있다. 당신은 기쁨을 주는 존재이지 누군가에게 패배감을 주거나 상처를 주는 존재가 아니다. 그렇게 해서는 당신도 행복해질 수 없다. 그것이 당신의 데스티니가 아니기 때문이다.

예수께서 원수를 사랑하라고 하신 것은 대단한 헌신이나 윤리를 이야기하는 것이 아니었다. 그저 우리의 데스티니를 말씀하신 것이었을 뿐이다. 원래 우리는 기쁨을 주는 존재로 지음 받았기에, 원수에게조차 기쁨을 줄 때, 그때 가장 행복할 수 있다. 예수님의 가르침은 죄로 인해 왜곡되어버린 아담의 데스티니를 다시 일깨우는 것이었다. 당신은 기쁨을 주는 존재다. 사람에게 뿐만 아니라 하나님께도 기쁨이 되는 존재다. 이것이 당신의 데스티니다.

행복의 나라로 가기 원하는가? 그렇다면 혼자 있지 말라. 청승맞게 기타를 퉁기며 "나도 행복의 나라로 갈 테야"라고 노래한다고 행복이 찾아오지는 않는다. 기타를 내려놓고 일어나라. 누군가를 만나라. 당신의 도움이 필요한 사람이든지, 당신의 돈이 필요한 사람이든지. 그리고 그를 축복하라. 진심으로 축복하라. 당신이 그의 기쁨이 될 때 행복이 비로소 당신에게 미소 지을 것이다.

창조하는 존재

아담과 하와의 두 번째 데스티니는 새로운 것을 창조하는 것이다.

> 여호와 하나님이 흙으로 각종 들짐승과 공중의 각종 새를 지으시고 아담이 무엇이라고 부르나 보시려고 그것들을 그에게로 이끌어 가시니 아담이 각 생물을 부르는 것이 곧 그 이름이 되었더라 창 2:19

하나님께서 피조물들의 이름을 직접 짓지 않으시고 아담에게 그것을 하게 하셨다. 하나님께서 말씀으로 우주를 창조하시고 땅과 바다를 지으신 것처럼, 아담에게 말씀으로 생물들의 이름을 짓게 하셨다. 하나님의 창조하시는 속성이 아담에게도 주어진 것이다. 아담의 두 번째 데스티니는 '창조'다. 아담의 인생은 다른 사람의 인생을 모방하거나 세상에서 규정한 삶을 기계처럼 반복하는 인생으로 설계

되지 않았다. 아담의 데스티니는 아담 안에 불어넣으신 창조의 영으로 아담만의 유니크한 인생을 살아가는 것이었다.

오늘날 우리가 살고 있는 사회는 마치 공장에서 인생을 찍어내듯, 획일적인 인생관을 강요한다. 의사나 법관이 되는 것이 모든 사람에게 적용되는 최고의 인생이며, 명문대학을 나오는 것이 모든 사람의 행복을 보장하는 열쇠라고 믿는다. 이 '규격품 인생'에 우리에게 주신 '창조의 데스티니'가 발휘될 여지는 없다. 하나님이 아담에게, 그리고 당신에게 주신 데스티니는 공장에서 찍어내듯 규격화된 인생을 모방하는 것이 아니다. 하나님이 주신 창조의 영으로 '비규격 인생'을 살라.

하나님 안에서 창조의 데스티니가 발휘되었을 때, 사람들은 위대한 인생을 살았다. 에디슨은 어려서 바보라고 놀림을 받았지만 그의 데스티니인 창조성이 발휘되었을 때 위대한 발명가가 되었다. 위대한 과학자였던 뉴턴도, 케플러도 하나님을 알았던 사람들이다. 위대한 예술가였던 단테도, 헨델도 모두 하나님 안에서 자신들의 데스티니인 창조적 능력이 발휘되었던 사람들이다. 나는 우리 자녀들도 그런 하나님의 사람들이 되었으면 좋겠다. 공장에서 찍어낸 규격품 인생들이 아니라, 하나님이 주신 창조의 데스티니가 그 안에서 발휘되는 사람들 말이다. 뛰어난 예술가가 나오길 기도하고, 아무도 생각하지 못했던 창의적인 아이디어로 사업하는 사업가들이 나오길 기도한다. 위대한 과학자와 정치인이 나오길 기도한다. 이것이 하나님이 아담과 하와에게 주셨던 두 번째 데스티니다.

다스리는 존재

아담과 하와의 세 번째 데스티니는 다스리는 것이었다.

> 하나님이 그들에게 복을 주시며 하나님이 그들에게 이르시되 생육하고
> 번성하여 땅에 충만하라, 땅을 정복하라, 바다의 물고기와 하늘의 새와
> 땅에 움직이는 모든 생물을 다스리라 하시니라 창 1:28

하나님께서 아담을 만드시고 땅에 있는 모든 것을 다스리라고 명하셨다. 아담과 하와의 데스티니는 하나님이 창조하신 모든 것을 다스리는 것이었다. 따라서 아담뿐 아니라 당신의 데스티니 역시 다스리는 것이다. 당신은 하나님나라의 왕 같은 제사장이며(벧전 2:9), 그리스도와 함께 영원히 다스릴 사람이다(딤후 2:12).

다스린다는 것은 영향력을 의미한다. 사람은 누구나 영향력을 미치고 싶은 갈망이 있다. 아이들은 본능적으로 '짱'을 하고 싶어 하고, "너 커서 뭐가 될래?"라고 물으면 "대통령!"이라고 대답한다. 요즘은 대통령이 아니라 아이돌 가수라고 하겠지만, 둘 다 영향력을 미치는 존재라는 점에서는 다르지 않다. 바로 하나님이 아담 안에

심어놓으신 데스티니를 향한 갈망이다. 아담과 하와의 데스티니는 하나님이 창조하신 모든 것을 선하게 다스리는 것이었다. 그리고 그것은 당신의 데스티니이기도 하다.

'다스리는 데스티니'는 많은 경우 앞서 말한 '기쁨을 주는 자'. '창조적인 자'라는 데스티니와 함께 어우러진다. 하나님이 주신 '창조의 능력'을 발휘할 때 그것은 '선한 영향력'으로 이어지게 되며, 이 선한 영향력이 사람들에게 '기쁨'을 준다. 아담의 다스리는 데스티니는 흔히 생각하는 세상의 통치와는 다르다. 예수께서는 이렇게 말씀하셨다.

42 예수께서 불러다가 이르시되 이방인의 집권자들이 그들을 임의로 주관하고 그 고관들이 그들에게 권세를 부리는 줄을 너희가 알거니와 43 너희 중에는 그렇지 않을지니 너희 중에 누구든지 크고자 하는 자는 너희를 섬기는 자가 되고 44 너희 중에 누구든지 으뜸이 되고자 하는 자는 모든 사람의 종이 되어야 하리라 45 인자가 온 것은 섬김을 받으려 함이 아니라 도리어 섬기려 하고 자기 목숨을 많은 사람의 대속물로 주려 함이니라 막 10:42-45

흔히 세상에서 볼 수 있는, 약하고 가난한 자들을 억압하고 마음대로 조종하는 다스림은 참된 다스림이 아니다. 그런 다스림은 사람들에게 기쁨을 주는 것이 아니라 고통과 원통함을 준다. 참된 다스림이란 사람들에게 기쁨을 주고 생명을 주는 다스림이다. 그러기 위해 기꺼이 모든 사람의 종이 되고, 모든 사람을 섬기는 자가 되는 것이다. 예수께서 그렇게 하셨다.

"인자가 온 것은 섬김을 받으려 함이 아니라 도리어 섬기려 하고 자기 목숨을 많은 사람의 대속물로 주려 함이니라."

히즈빈즈

크리스천 비즈니스 컨퍼런스에서 커피 체인점을 하는 한 형제를 만났다. 커피 체인점이야 특별할 것이 없지만, 이 형제의 특별한 점은 정신장애를 가진 장애인들을 바리스타로 훈련하여 커피숍을 운영한다는 것이다. 한동대학교를 졸업한 임정택이라는 형제다. 임정택 형제가 진로를 놓고 기도할 때 서원한 것이 있었다. 그것은 포항 지역에서 가장 소외된 사람들, 가장 가난한 사람들에게 소망과 삶의 터전을 주는 일을 하고 싶다는 것이었다.

졸업을 앞두고 그는 가장 소외된 사람들을 찾기 시작했다. 형제의 눈에 들어온 것은 정신지체를 가진 사람들이었다. 취업이 불가능하다보니 경제적인 능력이 없었다. 사회생활은 말할 것도 없고, 결혼도 기대하기 힘들었다. 그는 이들을 섬기기로 결정했다. 시청과 기업들을 돌아다니며 투자할 사람들을 찾아 한동대학교 안에 1호점을 열게 되었다. 히즈빈즈 카페였다. 소망이 없던 이들에게 소망이 생기기 시작했다. 늘 우울하던 얼굴에 기쁨의 빛이 감돌기 시작했다. 안정된 일자리를 찾은 정신장애 형제자매 중에 결혼하는 사람들이 생기고, 이들의 인생이 바뀌었다.

한 형제의 작은 섬김으로 시작된 이 일은 2호점, 3호점 계속 확대되어가며 많은 사람들에게 기쁨을 주고 있다. 뿐만 아니라 히즈빈즈 이후 다른 커피숍, 예를 들면 경희대학교 국제캠퍼스 안에 있는 커피숍에서도 정신지체 장애를 가진 분들을 바리스타로 채용하는 것을 보았다. 임정택 형제의 창조적인 섬김이 작은 변화를, 아니 사실은 큰 변화를 일으킨 것이다.

섬김에는 위대한 힘이 있다. 특히 남들이 하지 않는 것을 시도하는 창조적인 섬김은 우리의 데스티니를 이루게 한다. 기쁨을 주는 아담과 하와 그리고 당신의 데스티니를 말이다. 임정택 형제의 따뜻한 이야기가 기쁨을 준다면, 당신의 이야기는 무엇일까? 다음은 당신 차례가 아닐까? 안정된 직장만을 추구하지 말자. 참된 기쁨과 의미는 창조적으로 도전하는 섬김에서 나오니까! 하나님은 당신의 이야기를 기대하신다.

친밀한 관계를 누리는 존재

아담과 하와의 네 번째 데스티니는 하나님과 함께 동산을 거니는 것이었다.

> 그들이 그 날 바람이 불 때 동산에 거니시는 여호와 하나님의 소리를
> 듣고 아담과 그의 아내가 여호와 하나님의 낯을 피하여 동산 나무 사
> 이에 숨은지라 창 3:8

친밀한 관계를 누리는 것이 아담과 하와에게 주신 데스티니였다. 비록 죄로 인하여 깨어지긴 했지만, 원래 인간은 '관계'를 위해 지음 받았다. 하나님과의 관계를 위해, 그리고 서로간의 관계를 위해서 말이다. 사람들이 예수께 물었다. "가장 중요한 계명이 무엇입니까?" 예수께서 대답하셨다. "하나님을 사랑하고 네 이웃을 사랑하라." 우리는 하나님과의 친밀한 관계, 그리고 서로간의 친밀한 관계를 위해 지음 받은 존재다. 그렇기 때문에 우리 안에는 이것을 향한 갈망이 있다.

친밀한 관계라는 우리의 데스티니를 누리기 위해서는 순서가 있다. 누구나 친밀한 관계를 원하지만 그것이 생각처럼 쉽지는 않다. 그래서 몇 번 시도했다가 상처라도 받고 나면 아예 친밀한 관계에 대한 기대를 접는다. 친밀한 관계를 원하는가? 그렇다면 먼저 하나님과 친밀한 관계를 연습하라. 하나님은 우리의 모든 갈망을 가장 완전하게 채우시는 분이다. 하나님과의 친밀한 관계를 통해 사랑받는 것이 무엇인지 누려라. 동시에 하나님을 향한 헌신을 통해 사랑

하는 것이 무엇인지 배우라. 당신 안에 타락으로 인해 파괴되었던 사랑하고 사랑받는 DNA가 하나님과의 관계를 통해 회복될 때, 비로소 이웃과의 친밀한 관계를 누릴 수 있는 역량이 생길 것이다.

의미 있고 중요한 존재

아담과 하와의 다섯 번째 데스티니는 의미 있고 중요한 존재가 되는 것이다.

> 아담이 이르되 이는 내 뼈 중의 뼈요 살 중의 살이라 이것을 남자에게
> 서 취하였은즉 여자라 부르리라 하니라 창 2:23

하와는 창조되자마자 아담에게 가장 '의미 있고 중요한 존재'가 되었다. 아담은 하와를 "뼈 중의 뼈요 살 중의 살"이라 불렀다. 이것이 아담과 하와의 데스티니였다. 그들은 의미 있고 중요한 존재였다. 하나님께도, 서로에게도.

잊을 수 없는 결혼식

몇 해 전, 한 십대 소년 A가 우리 교회에 나오기 시작했다. 고아

원에서 자란 A는 독립할 나이가 되어 주유소, 편의점 등에서 알바를 하며 살고 있었다. 한동안 교회에 나오던 A는, 어느 날 서울에 일거리가 생겼다며 떠났다. 그리고 몇 해 뒤 여자 친구와 함께 다시 나타났다. 그 여자 친구는 아이를 임신한 상태였다! 여자 친구가 자란 환경도 A와 크게 다르지 않았다. 집에 있을 수 없어 가출을 했고 거리에서 힘들게 살았다. 두 사람의 이야기를 모으면 '인간극장' 몇 편은 나올 것 같았다.

A는 아이를 낳아 행복한 가정을 이루고 싶어 했다. 태어날 아이가 자기처럼 파괴된 가정에서 자라게 하고 싶지 않았다. 그러나 돈도, 직장도, 머물 집도, 아무것도 없던 A에게 결혼식은 사치에 불과했다. 가족이 함께 살 방 하나도 구하기 어려웠다. 그냥 혼인신고를 하고 대충 살 방 하나를 구해보겠노라 했다. 마음에 걸렸다. 결혼을 하고 아이도 낳는데 아무런 축복도 받지 못하다니! 이건 아니었다. A도 그의 여자 친구도 하나님의 형상으로 지음 받은 존귀한 존재이며, 축복받을 권리가 있는 존재이다. 이것이 그들의 데스티니가 아닌가! 정말로 알려주고 싶었다. 그들을 향한 하나님의 계획을! 그들이 소중하고 의미 있는 존재이며, 축복받은 존재라는 사실을….

교회 중직들에게 이야기했다.

"우리가 결혼식을 올려줍시다. 검소하게 신혼여행도 갈 수 있게 해주고, 작은 집도 구해줍시다. 하나님의 형상으로 지음 받은, 존재 자체가 중요한 사람들 아닙니까?"

많은 교회 분들이 동참해주었다. 생각보다 많은 헌금이 모였고 교회에서 성대하지는 않아도 의미 있는 결혼식을 올렸다. 가족, 친구 아무도 참석할 사람이 없었지만, 결혼식이 시작되자 사람들이 하나둘 모이기 시작했다. 이 아이들을 축복하고 싶은 교회 형제자매들이었다. 예식장은 교인들로 가득 찼다. 주례를 시작했다.

"두 사람은 존귀한 존재입니다."

목이 메고 눈시울이 뜨거워졌다. 나도 울고, 신랑도 울고, 교인들도 모두 울고 있었다. 교회 안에 성령님의 임재가 가득했다! "너는 존귀한 존재란다!" 하나님이 말씀하고 계셨다.

세상에 존귀하지 않은 사람은 없다. 축복받지 않아도 되는 사람은 없다. 모든 사람의 데스티니는 '존귀하고 중요한 존재'가 되는 것이다! 결혼 후 A는 여전히 힘든 시간을 보내고 있다. 아직 넘어야 할 산이 여럿이다. 그러나 이 모든 상황에도 불구하고 변치 않는 하나의 진리가 있다. 그것은 A도, 그의 어린 아내도 모두 하나님 앞에 존귀하고 중요한 존재라는 사실이다. A와 그의 아내가 이 사실을 잊지 말고 기억했으면 좋겠다. 그리고 이 글을 읽고 있는 당신도.

2

영원한 데스티니 - 아벨

1 아담이 그의 아내 하와와 동침하매 하와가 임신하여 가인을 낳고 이르되 내가 여호와로 말미암아 득남하였다 하니라 2 그가 또 가인의 아우 아벨을 낳았는데 아벨은 양 치는 자였고 가인은 농사하는 자였더라 3 세월이 지난 후에 가인은 땅의 소산으로 제물을 삼아 여호와께 드렸고 4 아벨은 자기도 양의 첫 새끼와 그 기름으로 드렸더니 여호와께서 아벨과 그의 제물은 받으셨으나 5 가인과 그의 제물은 받지 아니하신지라 가인이 몹시 분하여 안색이 변하니 6 여호와께서 가인에게 이르시되 네가 분하여 함은 어찌 됨이며 안색이 변함은 어찌 됨이냐 7 네가 선을 행하면 어찌 낯을 들지 못하겠느냐 선을 행하지 아니하면 죄가 문에 엎드려 있느니라 죄가 너를 원하나 너는 죄를 다스릴지니라 8 가인이 그의 아우 아벨에게 말하고 그들이 들에 있을 때에 가인이 그의 아우 아벨을 쳐죽이니라 9 여호와께서 가인에게 이르시되 네 아우 아벨이 어디 있느냐 그가 이르되 내가 알지 못

하나이다 내가 내 아우를 지키는 자니이까 **10** 이르시되 네가 무엇을 하였 느냐 네 아우의 핏소리가 땅에서부터 내게 호소하느니라 창 4:1-10

두 번째로 인터뷰할 사람은 아벨이다. 쉽지 않은 인터뷰가 될 것 같다.

"아벨, 당신의 데스티니는 도대체 무엇이었습니까?"

아벨은 성경 인물 중 그 데스티니를 가늠하기가 가장 어려운 인물 이다. 데스티니를 엿볼 만한 인생의 특별한 기록이 거의 없기 때문이 다. 창세기 4장에 아담과 하와의 아들로 짧게 등장하고는 가인에게 죽임을 당하는 것으로 인생이 끝난다. 과연 아벨의 데스티니는 무엇 이었을까? 아벨에게도 데스티니라는 것이 있었을까? 성경에 달랑 몇 구절 나오는 이 인물. 아무것도 남기지 못하고, 아무것도 이룬 것 없이 젊은 나이로 요절한 이 사람. 이 사람의 데스티니가 무엇이었을까? 쉽지 않은 질문이다.

주변을 돌아보면, 아벨뿐 아니라 오늘날 우리가 사는 세상에도 데스티니를 가늠하기 어려운 사람들이 많다. 대면하기조차 고통스러운 현실들을 어렵지 않게 만난다. 엄마 뱃속에서 세상을 보지도 못하고 떠나는 유산된 아이들, 태어나자마자 병으로 세상을 떠나는 어린 영혼들, 장애아로 태어나 집안에서만 평생을 보내다가 일생을 마치는 사람들. 이들의 데스티니는 도대체 무엇일까?

하나님은 한 사람 한 사람을 향한 아주 특별한 계획을 가지고 계신다고 했는데, 그렇다면 이 사람들의 데스티니는 도대체 무엇일까? 인생이 펼쳐지기도 전에 끝나버린 사람들, 정상적인 삶을 살기 어려운 장애인들, 이들의 데스티니는 도대체 무엇일까? 아벨은 이런 사람들의 미스테리한 데스티니를 대변하고 있다. 아벨이 대답한다.

"나의 데스티니가 무엇이냐고요? 나의 데스티니는, 인간의 데스티니가 꼭 무언가를 성취하고 이루는 것만이 아니라는 것을 보여주는 것입니다. 인간은 인간이기 때문에, 하나님의 형상으로 지음 받은 인간이기 때문에 존귀한, 존재적인 데스티니가 있습니다."

얼마 전 원목으로 된 가구를 하나 구입했다. 아무 칠도 하지 않은 원목 그대로의 가구였는데, 아무 칠도 하지 않았기에 나무의 원래 결이 훨씬 아름답게 드러났다. 화려하게 칠해 놓은 가구들은 그 화려함에 가려 나뭇결 원래의 아름다움을 보기가 쉽지 않은 데 반해, 원목 가구는 나뭇결 원래의 아름다움을 잘 드러내고 있었다.

아벨의 데스티니에도 이와 비슷한 면이 있다. 다윗이나 엘리야같이 굵직굵직한 업적들을 이뤄낸 사람들의 인생을 보면, 그 화려함에 가려 인간 존재 자체에 대한 근원적 데스티니가 잘 보이지 않는다. 그러나 화려함이 없는 아벨의 인생은, 오히려 아무것도 없기 때문에 인간의 근원적인 데스티니가 무엇인지를 보여준다. 그의 인생이 단순했기 때문이다.

아벨은 아담만큼이나 근원적이고 존재적인 데스티니를 보여준다. 아벨의 이야기를 통해 인류에게 주신 존재적 데스티니를 들어보자.

하나님을 나타내는 근원적 데스티니

아벨이 보여주는 인간의 존재적 데스티니는, 첫째 "하나님을 나타내는 것"이다. 데스티니에 대해 많은 사람들이 묻는 것은 "무엇을 선택해야 하는가?"이다. "대학원에 가야 합니까, 취직을 해야 합니까?", "이 남자가 맞습니까, 저 남자가 맞습니까?" 이런 것들에 몰두한다. 물론 하나님께서 우리 인생을 구체적으로 인도하시는 것은 사실이다. 그러나 하나님의 형상으로 지음 받은 우리에게는 보다 존재적인 데스티니가 있다. 그것은 무엇을 성취하고 이루는 것이 아니다. 그것은 하나님을 나타내는 것이다! 나의 삶과 존재를 통해 하나님이 어떤 분이신지를 세상에 드러내는 것, 이것이 나와 당신의 궁극적인 데스티니다. 우리가 하나님의 형상을 따라 지음 받았기 때문이다.

그런 의미에서 아벨의 삶을 보면, 그는 분명 하나님을 나타내고 있다. 히브리서는 아벨에 대해 이렇게 이야기한다.

새 언약의 중보자이신 예수와 및 아벨의 피보다 더 나은 것을 말하는 뿌린 피니라 히 12:24

예수님의 피와 아벨의 피를 대조하고 있다. 아벨과 예수 그리스도가 닮았다는 것이다. 첫째, 아벨은 의인이었고(마 23:35) 예수님도 의인이셨다. 둘째, 아벨은 다른 사람의 죄로 인해 죽임을 당했고, 예수님도 그러셨다. 셋째, 가인의 죄 앞에서 아벨은 무기력했고, 십자가 앞에서 예수님도 도살장에 끌려가는 어린 양처럼 무기력하셨다. 아벨과 예수님의 모습이 오버랩 되지 않는가? 맞다!

우리는 이룬 것 없이 요절한 아벨의 인생을 보며 혼란스러워하지만, 사실 아벨은 웬만한 사람들보다 훨씬 더 충실하게 그의 데스티니를 이루었다. 그것은 예수 그리스도를 나타낸 것이다. 꼭 무언가를 성취해야만 하나님께 영광을 돌리는 것은 아니다. 때로는 나의 연약함을 통해 하나님을 세상에 나타낼 수도 있다.

헨리 나우웬은 그의 저서 《아담》(IVP)에서, 그가 말년에 돌봤던 중증 정신지체 장애인 아담의 연약한 삶에 대한 이야기를 들려준다. 잠깐 그 이야기를 들어보자.

아담의 어린 시절을 생각할 때마다 나는 예수님의 모습을 살펴보지 않을 수 없다. 예수님은 권세와 힘을 가지고 오신 것이 아니었다. 그분은 연약함의 옷을 입고 오셨다. 그분의 인생에서 가장 위대한 부분은 아이로서, 청소년으로서, 청년으로서, 성숙한 성인으로서 인간의 상황을 공유하신 것이다. 예수님은 일생 동안 많은 것을 성취하지는 않으셨다. 그분은 실패자로 죽으셨다.

아담 역시 많은 것을 성취하지 못했다. 그는 태어났을 때처럼 빈약하게 죽었다. 하지만 예수님과 아담 둘 다 하나님의 사랑을 받은 아들이었으며(예수님은 본질상 아들, 아담은 입양된 아들) 우리 가운데서 그 아들의 신분으로 사셨다. 아담에게 갑작스런 치유나 즉각적인 마음의 변화 같은 것은 없었다. 그는 아무것도 하지 않았다. 그저 그곳에 있었다.

아담은 내게 "행위보다 존재가 중요합니다"라고 선포하고 있었다. 내가 다른 사람의 반응에 신경 쓸 때 "사람들의 칭찬보다는 하나님의 사랑이 더 중요합니다"라고 선포하고 있었다. 내가 나의 개인적인 성취에 몰두하고 있을 때 "혼자서 하는 것보다는 함께함이 더 중요합니다"라고 나를 일깨워주었다. 아담은 아무것도 만들 수도, 자랑할 만한 명성도, 상이나 트로피도 없었다. 그러나 그는 바로 삶 자체로 내가 접한 인생의 진리를 철저하게 증거해주었다.

(중략) 아담은 영웅다운 장점을 소유하지 못했다. 그는 신문 기사에 나오는 어느 누구보다 뛰어나지 못했다. 그러나 나는 아담이 자신의 상처를 통해서 하나님의 사랑에 대한 증인이 되도록 선택을 받았다고 확신한다. 이것은 그를 낭만적으로 묘사하거나 감상에 빠지려고 하는 말이 아니다. 아담은 우리 모두처럼 한계가 있는 사람이다. 누구보다 더 한계가 많고 언어로 자신을 표현할 수도 없는 사람이었다. 그러나 그는 또한 온전한 사람이요, 축복받은 사람이었다. 그는 연약함 가운데서 하나님의 은혜로 말미암아 놀라운 도구가 되었다. 그는 우리 가운데에서 그리스도를 계시한 자가 되었다.

아담은 굉장한 내적 빛을 소유했다. 그것은 하나님으로부터 온 것이었다. 아담에게는 내면의 공간을 채우려는 마음의 산란함이나 집착 그리고 야망이 거의 없었다. 따라서 하나님을 위해 마음을 비우는 영적 훈련을 할 필요가 없었다. 소위 그의 '장애'가 그에게 이러한 선물을 준 것이었다. 그에게는 하나님이 결코 지적, 정서적 탐구의 주제가 되지 않았다. 예수님처럼 그의 사랑받음, 하나님을 닮은 모습, 화평케 하는 사역은 그를 하나님으로부터 보내심 받은 자로 환영하고자 하는 사람들만이 인식할 수 있었다.

대부분의 사람은 아담을 불구자로 보았다. 우리에게 줄 것이 아무것도 없고, 가족과 공동체, 사회에 짐만 되는 중증 장애인으로 말이다. 그리고 그가 그렇게 여겨지는 한 그의 진리는 숨겨진 채로 있을 것이다. 하나님의 보시기에 가장 중요한 일은 종종 가장 잘 숨어 있다.

헨리 나우웬이 돌봤던 아담 역시 '아벨과'에 속한 사람이었다. 사람들의 눈에는 아무것도 이룬 것이 없어 보이는 인생이었지만, 그를 통해 하나님은 하나님이 나타내시고자 했던 영광을 모두 나타냈다. 아벨의 인생이 실패한 것처럼 보인다면, 예수님도 실패자다. 그렇다면 나는 과연 무슨 성공을 위해 달려가고 있는 것일까? 짧은 인생이었지만 아벨은 하나님을 나타내는 존재적인 데스티니를 이루었다. 만약 우리가 "하나님을 나타내는" 이 존재적 데스티니가 아닌 다른 데스티니를 이루기 위해 달려가고 있다면, 조심하라. 우리는 예수님의 성공과는 다른 성공을 추구하고 있는 것일지도 모른다.

데스티니의 본질은 메시지

인간의 본질적인 데스티니는 성공이나 성취가 아니라 그 인생을 통해 만들어지는 메시지다.

십여 년 전에 유행했던 '광수 생각'이라는 만화에 이런 에피소드가 있었다. 어떤 회사의 과장이 불의의 사고로 급사했다. 사원들이 조문을 가서 사모님께 위로의 말을 전한다.

"과장님은 바나나 우유를 참 좋아하셨는데, 흑흑…."

사원들도 울고 사모님도 운다. 다음 사원이 찾아와서 위로한다.

"과장님은 바나나 우유를 참 좋아하셨는데…."

다음 사원이 온다.

"과장님은 바나나 우유를 참 좋아하셨는데…."

그리고 만화가 썰렁하게 끝난다. 죽은 과장에 대한 기억이 바나나 우유 좋아했다는 것밖에는 없는 것이다. 인생의 경주를 다 마쳤을 때, 과연 사람들은 나의 인생을 통해 어떤 메시지를 받게 될까? 당신의 장례식장에서 사람들은 당신을 어떤 사람으로 기억할까? 그것이 바로 당신 데스티니의 본질이다.

아벨의 삶과 죽음이 선포하는 것은 무엇인가? 그는 살아서는 예배자였고, 죽어서는 하나님의 공의로우심을 인류 대대에 선포했다. 이것이 아벨 인생의 메시지이자 아벨의 데스티니였다. 얼마나 오래 살았느냐, 또는 얼마나 많은 것을 성취했느냐보다 더 중요한 것은 삶과 죽음을 통해 세상에 남기게 되는 메시지다. 세례 요한은 메시아의 도래를 준비한 사람으로, 엘리야는 제단에 불을 내린 사람으로, 모세는 하나님의 법을 받은 사람으로, 다윗은 위대한 예배자로 기억되고 있다. 인생을 통해 만들어낸 그들의 메시지이다. 당신은 오늘 세상을 향해 무슨 메시지를 만들어내고 있는가? 인생을 마쳤을 때 사람들은 당신을 무엇이라 기억할까?

데스티니는 함께 이루어가는 것

아벨이 말해주는 데스티니의 두 번째 비밀은 데스티니는 개인이 혼자 이루어가는 개인적인 삶의 목표가 아니라, 공동체가 함께 이루어가는 공동의 목표라는 것이다. 하나님의 계획은 하나님의 나라를 이루어가는 것이지, 한 사람의 성자를 만들어내는 것이 아니다.

개인만을 놓고 볼 때 아벨의 삶은 실패하고 의미 없는 인생으로 비춰질 수 있다. 그러나 아벨은 그의 짧은 삶을 통해 그가 속한 인류 공동체에게 죄의 무서움과 하나님의 공의로우심을 증언했다. 죄로부터 돌아서야 하는 '인류 공동체의 데스티니'를 일깨운 것이다. 데스티니를 그저 개인의 '운명'으로만 제한하면 아벨의 데스티니를 이해할 수 없다. 우리의 궁극적인 데스티니는 공동체 속에 하나님을 나타내는 것이지, 내 인생에 무엇인가를 이루는 것만이 아니다.

이 관점으로 바라보면 장애인들이나 육체적 연약함을 가진 사람들의 소중한 데스티니가 보이기 시작한다. 이들은 다른 이들에게 사랑을 실천할 기회를 제공하는 사람들이다. 그렇게 함으로써 "서로 사랑하라"라는 하나님나라의 데스티니를 '함께' 이루어가는 것이다. 생각해보라. 서로 사랑하기 위해서는, 사랑을 주는 사람뿐 아니라 사랑을 받는 사람도 필요하지 않은가? 그렇다. 공동체 속에서 이들의 역할은 "사랑받는 것"이다. 누군가를 통해 이들에게 무조건적인 사랑, 돌려받을 가능성이 없는 사랑, 하나님의 사랑이 부어진다면 그때 세상은 하나님을 보게 된다!

돌려받을 수 없는 사랑

주하는 1급 뇌병변장애를 가지고 태어났다. 뇌에 심각한 손상을 안고 태어난 주하는 다른 아이들과 달리 정상적인 행동이 어려웠다. 말을 하는 것도, 서서 걷는 것도 불가능했다. 다섯 살이 되었지만, 지금도 유모차를 타고 다니는 주하가 할 수 있는 일이라곤 엄마를 향해 활짝 웃는 것뿐이다. 가족들은 주하를 위해 많은 희생을 치렀다. 재정적으로도, 심적으로도.

처음에는 교회 공동체 전체가 이 아이를 어떻게 감당해야 할지 몰랐다. 셀 리더로 섬기고 있던 주하의 엄마는 주하를 돌보기 위해 모든 교회 사역을 내려놓아야 했다. 24시간 엄마의 손을 필요로 하는 주하라는 존재는 엄마의 삶 자체를 지워버린 듯 했다. 눈물과 고통의 시간이 흘렀다. 5년의 세월이 흐르는 동안 우리는 중요한, 정말 중요한 진리를 배우게 되었다. 그것은 주하가 세상 그 누구보다도 소중하고 중요한 존재라는 사실이다! 주하는 '돌려받을 수 없는 사랑'을 요구하는 존재다. 주하에게 쏟아 부어진 사랑, 그 시간과 희생은 아무런 보상을 기대할 수 없다. 그런데 왜 사랑하느냐고? 그것이 주하의 데스티니니까!

그렇다. 주하의 데스티니는 "사랑받는 것"이다. 아무 조건 없이 사랑받는 것이다. 그런 주하가 존재하기에, "사랑을 주어야 하는" 또 다른 누군가의 데스티니가 이루어진다. 감사하게도 주하의 가족들은 성숙하게 자신들의 데스티니를 찾아갔다! 나는 주하를 바라보는 엄마의 눈빛을 당신에게 보여주고 싶다. 그 눈빛을 한 번이라도 볼 수 있다면, 당신은 그들을 향한 하나님의 계획이 무엇인지 즉시 알 수 있을 것이다! 사랑받아야 하는 주하의 데스티니는 사랑을 주는 그의 가족들의 데스티니와 합쳐져 완전한 하나님의 계획을 이루어간다!

모든 사랑이 가치 있지만, 그중에서도 '돌려받을 수 없는 사랑'은 우리에게 특별한 감동을 준다. 왜냐하면 하나님께 속한 사랑이기 때문이다. 하나님이 창조하신 완전해야 할 세상에 불완전해 보이는 사람들이 존재하는 이유는, '함께' 하나님을 세상에 드러내기 위해서다. 장애인들도, 어린 나이에 질병이나 사고로 죽음을 맞은 아이들도, 주변의 누군가와 함께한다면 하나님을 나타내는 놀라운 데스티니를 이룰 수 있다.

그래서 데스티니는 공동체적이다. 사랑받는 것만이 가능한 사람이 있다 해도, 그를 사랑해주는 사람이 함께 있다면, 그 공동체는 하나님을 세상에 나타낼 것이다. 기억하라. 당신의 데스티니는 당신 주위의 사람들과 얽혀서 함께 이루어가는 '우리'의 데스티니지, 나만의 데스티니가 아니다.

세대를 이어 흘러가는 데스티니

하나님께서는 죽은 아벨을 대신하여 셋을 주신다. 함께하는 데스티니는 이웃과 함께함을 통해서 뿐만 아니라 세대와 세대가 함께함을 통해서도 이어진다. 한 사람의 인생은 그의 죽음으로 끝나는 것처럼 보이고, 하나님의 계획도 거기서 중단되는 것처럼 보일 수 있다. 그러나 하나님께서 아벨 대신 셋을 주셨던 것을 기억하라. 셋을 통해, 중단된 것처럼 보였던 아벨의 데스티니를 이어가게 하셨다! 우리를 향한 하나님의 데스티니는 절대로 중단되거나 폐기되지 않는다. 아벨의 시계가 멈춰도 셋의 시계가 흘러가기 때문이다! 우리는 역사의 이곳저곳에서 하나님께서 어떻게 '아벨들'과 '셋들'을 세우시는지를 볼 수 있다.

16세기 유럽에서 종교개혁이 한참일 때, 재침례를 주장한 사람들이 있었다. 훗날 재침례교도(anabaptist)라 불리게 된 이들은 르네상스의 영향으로 원어성경을 연구하기 시작하면서, 당시 일어나고 있던 종교개혁보다도 더 철저한 성경적 개혁을 추구하기 시작했다. 이들은 "침례(또는 세례)란 거듭남의 징표로서 스스로 선택하는 것"이라고 믿었기에, 당시 당연한 것으로 여겨지던 유아세례를 거부하고, 성인으로서 다시 침례를 받았다.

재침례로 시작된 이들의 개혁은 세속 군주의 도움을 거부하는 정교분리에서부터 비폭력주의에 이르기까지 당시로서는 받아들이기 힘든 급진적인 내용들이었다. 그 결과 이 운동을 시작했던 리더들은 모두 초기에 순교하고, 남은 자들은 후에 뮌처의 농민혁명과 섞이면서 희석되어 역사 속으로 사라진다. 이들의 개혁과 비전은 소멸된 것처럼 보였다.

그러나 놀라운 것은 이들의 삶과 죽음이 주는 임팩트였다. 유럽 전역에서 영적인 후손들이 일어나기 시작했다. 기독교 역사상 가장 강력했던 선교 공동체인 모라비안(Moravian)을 비롯해, 현대까지 이어져 오는 아미쉬(Amish), 후터파(Hutterite), 메노나이트(Mennonites), 브루더호프(Bruderhof) 등 수많은 영성운동들이 재침례교도들의 영향을 통해 일어났다. 심지어 현재 전 세계에서 가장 큰 단일교단인 남침례교단 역시 넓은 의미에서 재침례운동의 산물이라 할 수 있다. 재침례교도들의 데스티니는 그 후손들을 통해 지금까지 이어지고 있다!

선교사 짐 엘리엇은 명문 휘튼 대학을 최우등으로 졸업한 전도양양한 청년이었다. 선교사를 꿈꾼 그는 에콰도르의 한 부족을 선교하기 위해 수년간의 훈련과 준비를 마쳤다. 1956년, 마침내 짐과 동료들은 헬리콥터를 이용해 에콰도르 동쪽에 있는 쿠라라이 강가에 착륙한다. 그런데 아뿔싸! 그와 동료들을 기다리고 있던 것은 아루카 종족의 잔인한 창과 도끼였다! 도착과 동시에 짐 엘리엇과 4명의 동료들은 무참하게 살해당하고 만다. 이처럼 허무한 이야기가 있을까? 짐 엘리엇의 데스티니는 마치 시작과 동시에 10분 만에 끝나버리는 영화와 같아 보였다. 결론도 열매도 없이 끝나버린⋯.

그러나 이것이 이야기의 끝은 아니었다. 짐 엘리엇의 순교 소식은 방송을 통해 미국 전역에 전해지고, 이 소식은 수많은 미국 크리스천 청년들의 마음에 진동을 일으킨다. 짐 엘리엇 키드(Kid)들이 일어난 것이다! 이 진동은 마침내 거대한 파도가 되어 한 시대를 뒤덮는 선교 운동으로 꽃을 피운다. 짐 엘리엇의 데스티니는 미완의 영화가 아니다! 결코 아니다. 그의 데스티니는 짐 엘리엇 키드들을 통해 지금까지 상영되는 위대한 이야기다!

재침례교도들도, 짐 엘리엇도 삶과 죽음을 통해 다음세대에게 영적 유산을 물려주었다. 그리고 역사는 짐 엘리엇과 짐 엘리엇 키드들의 데스티니를 하나로 이어 붙여주었다. 이렇듯 데스티니는 세대에서 세대로 이어지며 완성된다. 우리의 데스티니는 공동체적이며, 우리의 데스티니에는 역사성이 있다. 우리는, 세대를 거치며 하나님나라의 위대한 데스티니를 함께 이루어가는 존재다. 셋이 아벨의 이야기를 이어가듯이, 당신의 이야기를 이어가는 사람들이 나올 것이다. 오늘 당신의 '셋들'은 당신의 이야기를 어떻게 이어갈까? 그것은 당신의 삶이 만들어낼 메시지에 달렸다.

영원의 렌즈 : 이 세상이 끝이 아니다

셋째, 아벨이 보여주는 데스티니의 비밀은 "영원한 삶이 있다"는 것이다. 이 땅의 삶이 전부가 아니라 영원한 데스티니가 있다. 영원을 배제하고 데스티니를 고민할 때, 죽음은 마치 데스티니의 적으로 보인다. 연약함은 데스티니의 원수로 보인다. 그러나 예수님의 데스티니는 '죽음과 연약함'으로 이루어져 있지 않은가? 예수님은 데스티니의 실패자일까? 십자가상에서 "다 이루었다"라고 말씀하신 예수께서 데스티니의 실패자일 리가 없지 않은가? 아벨이 이야기한다.

"영원의 관점에서 저의 데스티니를 보세요. 제 데스티니는 가인에게 죽임을 당할 때 끝나지 않았습니다. 저는 지금도 여기 하나님 곁에서 영원한 삶을 누리고 있는데요!"

데스티니는 영원한 삶의 관점으로 볼 때 비로소 이해된다. 평생 아무것도 이룬 것 없어 보이는 인생이라도, 심지어 태어나자마자 세상을 떠난 아이들이라도, 그 삶을 통해 하나님의 계획을 드러냈다면 데스티니는 이루어진 것이다. 왜냐하면 부활 후에 그의 진짜 데스티니가 펼쳐질 것이기 때문이다. 나와 당신은 이 세상만을 위해 지음 받은 존재가 아니다. 우리는 다가올 세상, 천국을 위해 지음 받은 존재이고, 영원을 위해 지음 받은 존재이다. 그렇기에 이 땅에서 우리가 이루어야 할 진짜 데스티니는 천국에서의 영원한 데스티니를 준비하는 것이다.

우리는 천국에서 놀라운 사실 한 가지를 발견하게 될 것이다. 그것은 눈물도 없고 고통도 없는 그 곳에서, 우리의 고개를 갸우뚱하게 만들었던 사람들 - 장애인들, 유산된 아이들, 어려서 죽은 아이들-의 삶이 우리와 연합하여 위대하고 아름다운 '하나의 데스티니'를 이루고 있는 것을 보는 것이다! 이것이 하나님의 위대한 지혜다! 데스티니를 함께 이루어가는 비밀! 그것은 사랑이다! 사랑하는 것이다! 사랑받을 만한 사람뿐 아니라, 사랑을 돌려줄 수 없는 존재까지 사랑하는 것이다! 사랑은 모든 데스티니를 완전하게 한다. 이 데스티니 안으로 들어오라! 영원한 사랑 안으로!

당신이 아벨이 되어도 괜찮고, 아벨을 사랑함으로 데스티니를 함께 완성하는 자가 되어도 괜찮다. 또는 셋이 되어 아벨의 데스티니를 이어가도 좋다. 우리는 함께 데스티니를 만들어가는 자들이니까. 당신의 데스티니가 곧 나의 데스티니이며, 나의 데스티니가 곧 당신의 데스티니다. 언제? 우리가 서로 사랑할 때! 사랑은 결코 실패하지 않는다. 하나님은 사랑이시라! 그 사랑 안에 우리의 데스티니가 있다. 하나 된 데스티니가.

PART 2

샬롬

두려움과 불안을 넘어 데스티니로!

SHALOM

거울을 들여다보라. 당신의 모습이 마음에 드는가? 현실을 돌아보라. 처한 현실에 살롬(평안)을 느끼는가? 살롬이 없을 때 우리 인생은 두려움과 불안이 지배하게 된다. 두려움과 불안은 데스티니를 방해하는 장벽이다. 두려움을 피해 다른 길로 돌아가려 할 때 데스티니는 방향을 잃는다. 불안한 마음에 발걸음 떼기를 망설일 때 데스티니는 멈추게 된다.

예수님은 우리에게 살롬을 주신다. 예수께서 주시는 살롬이 있을 때 데스티니는 두려움과 불안을 넘어 앞으로 나아간다. 데스티니가 멈추어 있다고 느낀다면 억지로 엑셀을 밟지 말고 먼저 살롬 하라. 거울에 비춰진 당신과, 그리고 당신이 맞이하고 있는 현실과 살롬 하라. 살롬이라는 환경 속에서만 데스티니는 앞으로 갈 수 있으니까.

자기 자신과도, 현실과도 살롬이 없었던 그가 어떻게 살롬 속에서 데스티니에 이르게 되는지, 기드온의 이야기를 들어보자.

3

거울 보고 살롬 - 기드온 1

12 여호와의 사자가 기드온에게 나타나 이르되 큰 용사여 여호와께서 너
와 함께 계시도다 하매 13 기드온이 그에게 대답하되 오 나의 주여 여호
와께서 우리와 함께 계시면 어찌하여 이 모든 일이 우리에게 일어났나이
까 또 우리 조상들이 일찍이 우리에게 이르기를 여호와께서 우리를 애굽에
서 올라오게 하신 것이 아니냐 한 그 모든 이적이 어디 있나이까 이제 여호
와께서 우리를 버리사 미디안의 손에 우리를 넘겨주셨나이다 하니 14 여호
와께서 그를 향하여 이르시되 너는 가서 이 너의 힘으로 이스라엘을 미디
안의 손에서 구원하라 내가 너를 보낸 것이 아니냐 하시니라 15 그러나 기
드온이 그에게 대답하되 오 주여 내가 무엇으로 이스라엘을 구원하리이까
보소서 나의 집은 므낫세 중에 극히 약하고 나는 내 아버지 집에서 가장
작은 자니이다 하니 16 여호와께서 그에게 이르시되 내가 반드시 너와 함
께하리니 네가 미디안 사람 치기를 한 사람을 치듯 하리라 하시니라 … 23

여호와께서 그에게 이르시되 너는 안심하라 두려워하지 말라 죽지 아니하리라 하시니라 **24** 기드온이 여호와를 위하여 거기서 제단을 쌓고 그것을 여호와 살롬이라 하였더라 그것이 오늘까지 아비에셀 사람에게 속한 오브라에 있더라 삿 6:12-16,23,24

데스티니를 이루기 위해 하는 일

하나님을 아는 사람이든 모르는 사람이든, 일반적으로 사람들은 데스티니를 발견하기 위해서 두 가지를 한다.

첫째는 자신을 살피는 일이다. "나는 무엇을 좋아하나?", "나에게는 어떤 재능이 있나?", "나의 능력은 얼마나 되나" 등 내가 가진

리소스(resources, 자원)가 무엇인지를 파악한다. 내 안에 있는 '개인 자산'을 평가하는 것이다. 둘째, 자기 주변의 상황을 파악한다. "내 자원들을 가장 효율적으로 적용할 수 있는 곳이 어디일까?", "요즘 인기 있는 학과는 어디지?", "잘 나가는 직장은?", "경기는 괜찮은가?", "어디에 가야 기회가 있을까?" 자신의 데스티니를 발견하기 위해 상황을 파악한다. 어디 가야 돈을 많이 벌 수 있고, 무엇을 해야 성공할 수 있는지를 찾는다. 오늘날 사람들이 데스티니를 발견하기 위해 하는 일들이다.

이것은 오늘날만의 현상은 아니다. 기드온도 다르지 않았다. 그도 역시 자기를 바라보았고, 환경을 바라보았다. 두 장에 걸쳐 기드온의 이야기를 들어보자.

내가 무엇으로 그런 일을 하겠습니까?

기드온에게 물었다.

"당신은 어떤 사람입니까?"

그런데 이 위대한 용사 기드온이 뜻밖의 대답을 한다.

> 그러나 기드온이 그에게 대답하되 오 주여 내가 무엇으로 이스라엘을 구원하리이까 보소서 나의 집은 므낫세 중에 극히 약하고 나는 내 아버지 집에서 가장 작은 자니이다 하니 삿 6:15

"나의 집은 므낫세 중에서도 아주 작은 집이고, 그중에서도 내 아버지의 집은 가장 별 볼일 없는 집입니다!"

우리가 알고 있는 큰 용사 기드온이 맞는가? 그는 삼백 용사를 이끌고 수십만 적군을 물리쳤던 큰 용사가 아니었던가?

맞다. 분명 하나님께서 기드온에게 "너는 이스라엘을 구원할 큰 용사"라고 말씀하셨다(삿 6:12). 그런데 기드온은 이 말씀을 받아들이기 어려웠다. 자기의 현실과는 너무 동떨어졌다고 느껴졌기 때문이다. 다른 모든 사람들과 마찬가지로 기드온 역시 데스티니를 찾기 위해 자기 자신을 들여다보았다.

'내가 잘하는 것이 뭐지? 내 능력은 얼마나 될까?'

자기 자신이 가지고 있는 자산들을 평가했다. 그런데 그 결과는 참담하다. 첫째, 가진 것이 없다. 가난하다. 둘째, 가문이 별로다. 상류층 출신이 아니다. 셋째, 권력도 없다. 마지막 넷째, 능력도 별로 없다. 한마디로 흙수저다! "하나님, 도대체 이런 내가 무엇으로 이스라엘을 구원하겠습니까?" 이것이 기드온의 결론이었다. 혹시 당신의 결론도 비슷하지 않은가? 이것은 기드온뿐 아니라 세상 모든 사람이 비슷하게 다다르는 결론이다. 안심하라. 당신만의 결론이 아니니까. 자신의 내면을 깊이 들여다본 사람은 누구든지 비슷한 결론에 이르게 된다.

"도대체 내가 무엇으로 그런 일을 하겠습니까?"

내 경험에 의하면, 명문대학을 나온 사람이든, 잘 나가는 대기업의 간부든 그 결론이 별로 다르지 않았다. 겉으로는 강한 척해도, 그 내면을 조금만 깊게 들여다보면 불안과 열등감이 가득했다. 하나님을 만나 거듭난 사람이 아니면, 예외 없이 기드온과 똑같은 반응을 보였다. 불안, 열등감 그리고 허무….

모든 것을 다 가진 것처럼 보이는 사람이 웬 열등감이냐고? 왜냐하면 인간은 원래 그렇기 때문이다. 하나님을 떠난 인간의 내면에는 존재적인(존재하는 한 어쩔 수 없이 갖게 되는) 공허와 거기서 오는 불안 그리고 열등감이 있다. 이것은 하나님을 떠난 인간의 운명이다.

증명해야 하는 존재?

인간은 '사랑이신 하나님'의 사랑을 받고 누리기 위한 존재로 지음 받았다. 그래서 인간은 하나님의 사랑을 받을 때만 정상적으로 작동한다. 하나님의 사랑은 아무 조건이 없는 사랑이다. 능력이 있든 없든, 잘생겼든 못생겼든, 학교에서 좋은 성적을 받든 꼴찌를 하든, 그것과 상관없이 사랑하시는 한결같은 사랑이다. 나와 당신은 이런 하나님의 사랑을 받을 때만 정상적으로 작동하는 존재로 그렇게 지음 받았다.

그런데 불행하게도 아담과 하와가 사랑의 근원이신 하나님을 떠난다. 그 순간부터 인간은 "내가 왜 이 세상에 존재해야 하는지", "내가 왜 사랑받을 만한 존재인지"를 끊임없이 증명해야 한다는 압

박에 시달리게 되었다. "나는 영향력 있는 CEO야. 그러니까 세상에 존재할 만한 가치가 있어", "나는 공부를 잘해. 그러니까 부모님의 사랑을 받을 만한 존재야", "나는 돈을 많이 벌어. 그러므로 세상에서 인정받을 만하지." 첫째는 자기 자신에게, 그리고 더 나아가 다른 사람들에게 이것을 증명하기 위해 시달린다.

하나님을 떠나는 순간 인간은, "나는 사랑받을 만한 존재이며, 나는 가치 있는 존재이고, 나는 사람들의 인정을 받을 만한 존재"라는 것을 증명하는 것이 삶의 목적이 되어버렸다. 이로 인해 이것을 증명하는 데 실패할 것에 대한 불안감이 항상 스멀거린다. 그리고 나의 존재를 증명하는 데 위협이 될 것 같은 '잘난 사람' 앞에 설 때면 열등감에 시달린다. 이 불안감과 열등감이 당신을 가지 말아야할 곳으로 몰아가 데스티니에서 멀어지게 한다.

기억하라. 당신은 증명해야 하는 존재가 아니다. 원래 하나님께서 당신을 사랑스러운 존재로 만드셨다. 당신은 원래 존귀한 존재로 지음 받았다. 증명하지 않아도 당신은 존귀한 존재다. 증명하지 않아도 당신은 사랑스러운 존재이며, 이 세상에 반드시 존재해야만 하는 너무나 소중한 존재다. 불행하게도 인간은 선악과로 인해 이것을 이야기해줄 존재, 이것을 알려줄 유일한 존재를 떠나버렸다. 우리를 창조하신 분, 그래서 우리의 가치가 무엇인지 아시는 유일하신 분, 그분을 떠나버렸기에 우리는 더 이상 그분의 말씀을 듣지 못한다. 이것이 모든 사람이 기드온과 같은 반응을 보이는 이유다.

데스티니가 이루어지기 위해 첫 번째로 해야 할 일은 창조주 하나님을 만나는 것이다. 그래서 그분의 말씀을 듣는 것이다. 우리를 만드신 분을 통해 우리가 어떤 존재인지, 우리가 얼마나 소중한 존재인지, 우리가 얼마나 사랑스러운 존재인지를 듣는 것이다. "하나님이 세상을 이처럼 사랑하사 독생자를 주셨으니" 이 말씀을 들어야 한다. 당신은 하나님의 말씀을 들었는가? "내가 너를 사랑하노라" 이 음성을 들었는가? "하나님이 세상을 이처럼 사랑하사" 이 말씀을 들었는가?

여호와 살롬

나 자신과의 살롬

이 말씀을 들을 때, 우리 안에 비로소 살롬(평화)이 임한다. 이 살롬은 나를 증명하고자 하는 불안함에서 우리를 해방한다. 이 살롬이 임할 때 우리 안에 있던 두려움과 열등감이 사라진다. 하나님은 여호와 살롬의 하나님, 평화를 주시는 분이다! 우리의 존재적 데스티니는 살롬을 누리는 것이다. 나 자신과의 살롬 말이다. 당신은 당신 자신과 살롬을 누리고 있는가? 당신은 당신의 모습이 마음에 드는가? 당신의 어떠함 때문에 불안하지도 않고, 당신이 못하는 어떤 것 때문에 열등감에 볶이지도 않는 이 살롬! 당신은 지금 당신의 모습 그대로와 살롬을 누리고 있는가? 당신의 데스티니는 여기서부터 시작된다. 불안과 열등감 속에 이리저리 휘둘리던 데스티니가 비로소 제자리를 찾아갈 수 있기 때문이다.

데스티니는 마치 바람에 이리저리 휘날리는 연과 같다. 내면에 불안과 열등감의 태풍이 일어나고 있는가? 그렇다면 데스티니라는 연은 좌우로 흔들리며 방향을 잡지 못한다. 비록 가야 할 곳이 어딘지 알고 있더라도, 바람에 크게 부풀려진 데스티니의 연은 나의 의도와 상관없이 목적지와는 다른 곳으로 휩쓸려 간다. "어? 거기가 아닌데?" 해도 소용없다. 당신 안에 있는 불안과 열등감의 태풍은 목적지를 뻔히 눈앞에 두고도 그곳에 이르지 못하게 한다.

그렇다. 태풍을 잠재워야 한다. 살롬, 완벽한 살롬! 이 잔잔한 평화가 우리 내면을 채울 때 비로소 우리의 데스티니는 마땅히 가야 할 곳을 향해 나아가기 시작한다. 나 자신과의 살롬! 데스티니는 여기서부터 시작된다.

하나님과의 살롬

그렇다면 어떻게 "므낫세 중에 극히 약하고, 내 아버지 집에서 가장 작은 '나', 마음에 들지 않는 나"와 살롬을 누릴 수 있을까? 그것은 먼저 하나님과 살롬을 누리는 것이다. 왜냐하면 나 자신과 살롬이 깨진 것은 하나님과 살롬이 깨진 결과이기 때문이다. 하나님은 나에 대해 "괜찮다" 하시는데, 나는 그런 하나님의 말씀이 편하지 않다. 하나님은 나를 "이스라엘을 구원할 큰 용사"라고 하시는데, 나는 그 말씀에 신뢰가 가지 않는다.

신뢰가 가지 않는다고? 지금 누구를 향해 하는 말인가? 그렇다. 하나님을 신뢰할 수 없다는 것이다. 하나님과의 샬롬이 깨진 것이다. 이것이 나와의 샬롬이 깨진 이유다. 나 자신과의 샬롬은 하나님과 샬롬 할 때 주어진다. 하나님과의 샬롬을 통해 나를 향한 그분의 계획과 사랑을 들을 때, 그래서 내가 어떤 존재인지가 받아들여질 때, 그때 나 자신과 샬롬 할 수 있게 된다.

창조주 하나님을 만난 기드온의 고백을 들어보라.

> 23 여호와께서 그에게 이르시되 너는 안심하라 두려워하지 말라 죽지 아니하리라 하시니라 24 기드온이 여호와를 위하여 거기서 제단을 쌓고 그것을 여호와 샬롬이라 하였더라 그것이 오늘까지 아비에셀 사람에게 속한 오브라에 있더라 삿 6:23,24

"너는 안심하라! 두려워하지 말라!"

기드온이 이 음성을 들었을 때, 기드온 안에 샬롬이 임했다!

"아, 내가 그런 존재구나! 더 이상 두려워하지 않아도 되는구나! 더 이상 열등감으로 힘들어 하지 않아도 되는구나! 여호와 샬롬!"

기드온의 내면에 하나님과의 샬롬이 임한 것이다. 그래서 제단을 쌓고 "여호와 살롬"이라 명한다.

예수께서 제자들에게 말씀하신다.

> 평안을 너희에게 끼치노니 곧 나의 평안을 너희에게 주노라 내가 너희
> 에게 주는 것은 세상이 주는 것과 같지 아니하니라 너희는 마음에 근
> 심하지도 말고 두려워하지도 말라 요 14:27

세상이 주는 것과는 다른 평안, 살롬을 우리에게 주신다는 것이다. 이것이 복음이다. 당신은 살롬 하고 있는가? 당신을 창조하시고 사랑하시며 끊임없이 기뻐하시는 그분의 음성을 들으라.

"안심하라! 두려워하지 말라! 너는 내 것이다. 내가 너를 사랑한다!" 이 음성을 들을 때, 거기서부터 당신의 데스티니가 시작될 것이다. 아니, 내 안에서 이 살롬을 누리는 것 자체가 사실은 당신의 진짜 데스티니다.

이웃과의 살롬

하나님과 살롬을 누리고 있을 때, 그래서 나 자신과 살롬을 누리고 있을 때, 그것은 이웃과의 살롬으로 흘러가게 된다. 사람들이 이웃과 평화를 누리지 못하는 이유는 내 안에 살롬이 없기 때문이다. 내 안에 살롬이 없으니까 다른 사람을 통해 살롬을 얻으려 한다. 저

사람이 나를 인정해주면 살롬이 있는 것 같고, 반대로 저 사람이 나를 인정해주지 않으면 살롬이 없다. 나를 인정해주는 사람에게는 그 인정을 계속 받아야 하니까 잘 보여야 한다. 스트레스다. 이 스트레스는 내 안에서 살롬을 앗아간다. 반대로 나를 인정해주지 않는 사람은? 인정 안 해주니까 화가 난다. 내 안에 살롬이 없다. 그 사람과의 살롬도 물론 없다.

결국 이웃과 살롬을 누리기 위해서는 내 안에 이웃과 상관없는 살롬, 이웃에게서 오는 살롬이 아닌 살롬이 있어야 한다. 이는 하나님께서 주시는 살롬이며 그래서 나 자신과 누리는 살롬이다. 이 살롬이 있지 않고서는 이웃과 살롬을 누릴 수 없다. 이것이 오늘날 우리가 관계에서 겪는 모든 복잡한 문제의 본질이다. 이웃과 살롬을 누리기 위해서는 내 안에 나 자신과 누리는 살롬, 하나님 때문에 누리는 살롬이 먼저 있어야 한다. 그럴 때 우리는 더 이상 이웃의 눈치를 보지 않아도 된다. 눈치 볼 필요가 없으니까 그 사람을 위해 진짜로 좋은 일을 해줄 수 있다.

'여호와 살롬'을 얻은 기드온이 한 일이 바로 이것이었다. 기드온이 가장 먼저 한 일은 마을 사람들이 애지중지 섬기던 바알의 제단을 헐고 아세라 상을 찍어버리는 것이었다. 우상을 섬기는 것이 마을 사람에게 '진짜 좋은 것'이 아니었기 때문이다. 그 사실을 알았지만 예전에는 마을 사람들과의 살롬을 잃어버릴까 두려워 찍어버릴 수 없었다. 그런데 기드온 안에 마을 사람들과 상관없는 살롬이 생겼다. 창조주 하나님께서 주신 샬롬이다! 세상이 알지 못하는 샬롬, 세상이 줄 수도 없는 샬롬이 생겼다. 이 샬롬이 용기를 주었다. 마을 사람들에게 '진짜로 좋은 일'을 할 용기, 그것으로 기드온은 바알의 제단을 헐고 아세라 상을 찍어버렸다!

그리고 나니 아니나 다를까. 예상했던 대로 외적인 샬롬이 깨졌다. 이웃들이 죽이겠다고 달려든다. 그러나 결국 어떻게 되었는가? 우상을 제거한 이스라엘 민족은 기드온과 삼백 용사의 기적을 통해 미디안과의 전쟁에서 승리를 거두고, 기드온과 샬롬이 없어 보였던 이웃들도 결국 기드온을 이스라엘의 사사로 존경하고 사랑하게 되었다.

사람과의 샬롬은 사람의 비위를 맞춘다고 되는 것이 아니다. 자기 자신과 샬롬이 있는 사람, 사람들의 인정과 비위에서 자유로운 사람, 사람들이 뭐라고 하든지 그 사람들을 위한 '최선의 것'을 담대하게 줄 수 있는 사람, 이 사람만이 이웃과의 샬롬을 누릴 수 있다.

기억하라. 사람과 상관없는 이 '절대 샬롬'은, 샬롬을 주시는 분, 예수 그리스도를 만날 때만 주어진다. 그분께서 우리를 어떻게 사랑하시는지 듣고 믿을 때, 그래서 우리 안에 불안과 열등감, 사람들과의 샬롬이 깨질 것에 대한 두려움이 떠나갈 때 말이다.

나의 샬롬 이야기

나는 대학교 1학년 때 예수 그리스도를 만나고 크리스천이 되었다. 그 전까지의 내 삶은 정확히 기드온의 그것과 같았다. 앞서 전한 것처럼 끊임없이 나를 증명하려 했고, 끊임없이 경쟁에서 이기려 했다. 그래야만 사람들에게 인정받을 수 있고, 인정을 받아야 자랑스러운 내 모습으로 인해 나 스스로와 샬롬을 누릴 수 있다고 믿었기 때문이다. 그러니까 내 샬롬의 근거는 내가 이룬 업적과 그것에 대한 다른 사람들의 반응에 있었다.

그래서 내 내면은 늘 불안했다. '혹시 실패하면 어쩌지?', '혹시 사람들에게 무시당하면 어쩌지?' 이 내면의 불안이 말을 더듬는 것으로 나타났다. 악순환이었다. 불안하니까 말을 더듬고, 말을 더듬으니까 친구들의 조롱으로 인해 더 불안해졌다. 그 불안함이 말을 더 많이 더듬게 했다. 그러다 보니 친구들과의 관계도 이상해져갔다. 초등학교 때 나는 오늘날로 치면 왕따였다. 매일 울면서 집에 갔으니까. "친구들이 나와 안 놀아준다", "놀린다", "때린다" 늘 이런 불평을 달고 살았다. 친구들이 이상했는지, 내가 이상했는지 모르겠지만, 하여간 나에게는 샬롬이 없었다.

그래서 선택한 것이 공부였다. 말을 잘 못하고, 그렇다고 운동을 뛰어나게 잘하는 것도 아니었다. 탈출구는 공부밖에 없었다. 공부를 잘 해서 1등을 하니까 친구들이 나를 무시하지 못했다. 말을 더

듬어도 끼워줬다. 그래서 열심히 공부했다. '나는 서울대학을 가야 한다. 못 가면 인생 끝이다. 평생 열등감에 시달릴 거다. 행복하지 못할 거다.' 정말 그렇게 생각했다. 내면의 샬롬이 없고, 그 결과 당연히 친구들과의 샬롬도 없었다. 내게는 오직 나를 증명해야 한다는 불안만 있을 뿐이었다.

결국 원하는 대학에 진학해서 행복했다. 하지만 6개월 만에 내면의 샬롬이 다시 완전히 무너져버렸다. 나보다 뛰어나 보이는 경쟁자들이 그곳에 많았고 나를 증명해 보이기에는 그들이 너무 강했다! 서울대 진학이라는 목적을 성취했지만 기대했던 '샬롬'은 주어지지 않았다. 이번에는 열등감이 나를 무너뜨렸다. 내면이 완전히 무너졌다.

어느 날인가 술을 엄청나게 마시고 정신을 잃었다. 정신을 차려보니 집에 누워 있는데 어떻게 왔는지 기억이 없었다. 필름이 끊긴 것이다. 나중에 들어보니 친구들이 집 근처까지 택시로 데려다주었다고 한다. 거울을 보니 눈에 실핏줄이 터져서 공포영화에 나오는 새빨간 핏빛 눈이 되어 있었다. '이게 아닌데… 내가 기대했던 것은 이게 아닌데…' 샬롬이 없는 인생이었다.

그러던 그해 겨울, 창조주를 만났다! 나의 창조주가 계신다는 사실을 알게 되었고, 성경을 읽으며 나를 사랑하신다는 하나님의 말씀, 세상이 줄 수 없는 샬롬을 주신다는 예수님의 말씀을 듣게 되었다. 그리고 이것을 믿었을 때 내 운명이 바뀌었다. 나의 영원한 운명이 바뀌었다. 그분이 주신다는 살롬이 정말 내 안에 찾아왔다.

더 이상 경쟁하지 않아도 된다는 살롬! 나는 이미 존귀한 존재라는 살롬! 나를 증명할 필요가 없다는 살롬! 수고하고 무거운 짐 진 자들을 오라 하신 분. 내가 너희를 쉬게 하리라 하신 분. 그분 앞에서 정말 내 짐이 내려놓아졌다. 나를 증명해야 한다는 그 무거운 짐이! 눈물이 났다. 밤새도록 눈물이 났다. 그리고 그 날 내게 살롬이 임했다.

32년 전 이야기다. 그리고 지난 32년 동안, 왕따였던 아이는 대학에서 좋은 친구들을 사귀었고, 신앙 안에서 살롬을 나눌 수 있는 수많은 형제자매들을 얻었고, 결국 목사가 되었다. 살롬 안에서 가정을 이루게 되었고, 어느 가정보다도 충만한 살롬 안에서 살아가고 있다. 이 일의 시작은 그분의 말씀이었다.

"하나님이 세상을 이처럼 사랑하사 독생자를 주셨으니 이는 그를 믿는 자마다 멸망하지 않고 살롬을, 영원한 생명을 얻게 하려 하심이라."

이 말씀이 내 마음에 선포될 때 나의 운명이 바뀌었다!

지금도 내가 가장 좋아하는 것은 이 음성을 듣는 것이다. 하나님 앞에 나아가, 나를 창조하신 분 앞에 서서 "하나님이 세상을 이처럼 사랑하사 독생자를 주셨으니…" 이 말씀을 들을 때, 나는 지금도 눈물이 난다. 수천 번도 더 들은 말씀인데 신기하게도 매번 눈물이 난다. 그리고 그 눈물과 함께 내 안에 살롬이 들어온다.

당신에게도 이 살롬이 있기를 축복한다. 하나님이 당신을 사랑하신다. 하나님이 당신을 위해 독생자 예수 그리스도를 십자가에서 죽이셨다. 사랑받는 자! 이미 완전한 자! 그것이 당신의 데스티니다. 완전한 자여, 축하한다. 이제 살롬을 누리라. 그 살롬은 당신의 것이다. 참 안식과 함께! 샤밧 살롬!

4

미운 오리 새끼 - 기드온 2

6 이스라엘이 미디안으로 말미암아 궁핍함이 심한지라 이에 이스라엘 자손이 여호와께 부르짖었더라 … 11 여호와의 사자가 아비에셀 사람 요아스에게 속한 오브라에 이르러 상수리나무 아래에 앉으니라 마침 요아스의 아들 기드온이 미디안 사람에게 알리지 아니하려 하여 밀을 포도주 틀에서 타작하더니 12 여호와의 사자가 기드온에게 나타나 이르되 큰 용사여 여호와께서 너와 함께 계시도다 하매 13 기드온이 그에게 대답하되 오나의 주여 여호와께서 우리와 함께 계시면 어찌하여 이 모든 일이 우리에게 일어났나이까 또 우리 조상들이 일찍이 우리에게 이르기를 여호와께서 우리를 애굽에서 올라오게 하신 것이 아니냐 한 그 모든 이적이 어디 있나이까 이제 여호와께서 우리를 버리사 미디안의 손에 우리를 넘겨주셨나이다 하니 14 여호와께서 그를 향하여 이르시되 너는 가서 이 너의 힘으로 이스라엘을 미디안의 손에서 구원하라 내가 너를 보낸 것이 아니냐 하시니

라 **15** 그러나 기드온이 그에게 대답하되 오 주여 내가 무엇으로 이스라엘을 구원하리이까 보소서 나의 집은 므낫세 중에 극히 약하고 나는 내 아버지 집에서 가장 작은 자니이다 하니 **16** 여호와께서 그에게 이르시되 내가 반드시 너와 함께하리니 네가 미디안 사람 치기를 한 사람을 치듯 하리라 하시니라 … **24** 기드온이 여호와를 위하여 거기서 제단을 쌓고 그것을 여호와 살롬이라 하였더라 그것이 오늘까지 아비에셀 사람에게 속한 오브라에 있더라 삿 6:6,11-16,24

데스티니를 이루기 위해 사람들이 두 번째로 하는 일은 상황과 현실을 파악하는 것이다. 내가 가지고 있는 능력으로 할 수 있는 일이 무엇인가? 내 능력, 학력, 재력, 인맥, 내가 가진 모든 자원을 가장 효율적이고 성공적으로 이용해서 할 수 있는 것이 무엇인지를 찾는 것이다. 어디 가야 돈을 많이 벌 수 있고, 무엇을 해야 사회적으로 성공할 수 있을지를 찾는다. 우리의 살롬을 깨는 두 번째 요소가 바로 이것이다. 둘러보니 할 수 있는 게 별로 없다. 현실의 장벽이 너무 높다.

포도주 틀에서 밀 타작하기

기드온이 상황을 바라봤다. 현실은 녹록지 않다. 이스라엘은 미디안의 식민지였다.

> 이스라엘이 미디안으로 말미암아 궁핍함이 심한지라 이에 이스라엘 자손이 여호와께 부르짖었더라 삿 6:6

추수를 하면 미디안 사람들이 모두 빼앗아 갔기 때문에 먹을 것이 없었다. 가장 좋은 것은 미디안 사람들을 몰아내는 것이지만, 내 안에 가진 자원들을 보니 그건 불가능하다. 할 수 없이 내가 가진 자원으로 할 수 있는 최선의 것을 찾는다. 그래서 기드온이 찾은 길이 사사기 6장 11절이다.

> 여호와의 사자가 아비에셀 사람 요아스에게 속한 오브라에 이르러 상

수리나무 아래에 앉으니라 마침 요아스의 아들 기드온이 미디안 사람
에게 알리지 아니하려 하여 밀을 포도주 틀에서 타작하더니 삿 6:11

기드온은 미디안 사람 몰래 포도주 틀에서 추수한 밀을 타작해
먹었다. 밀 타작은 일반적으로 넓은 타작마당에서 소를 이용했다.
밀 타작을 좁은 포도주 틀에서 하려면 정말 힘들다. 그럼에도 기드
온이 포도주 틀에서 밀을 타작한 것은 미디안 사람들을 피하기 위해
서다. '설마 이 좁은 포도주 틀에서 밀 타작을 하고 있다고 상상이
나 하겠어?'

기드온도 좋아서 한 게 아니었다. 이것이 좋아서 하는 사람은 없
다. 먹고 살려고 한 것이지…. 밀 타작 하면서도 샬롬은 없었다. 미
디안의 식민지라는 현실 앞에서, 현실과 샬롬 할 수 있었을까?

오늘날도 영적 원리는 다르지 않다. 미디안을 몰아내야 근본적
으로 해결된다는 것을 안다. 그러나 그건 이상이고 비전일 뿐, 현실
은 어떤가? 당장 먹고 살아야 한다. 먹고 사는 것? 만만치 않다! 세
상은 그리 호락호락하지 않다. 아무리 성경의 이야기가 진리임을 알
고, 믿음으로 살아야 하는 것을 알아도 현실은? 먹고 살아야 하는
현실은 어떤가? 포도주 틀에서 밀 타작이라도 해야 먹고 살지, 이것
저것 가리다가는 굶어죽는다. 샬롬이 없어도 포도주 틀에서 밀 타
작을 해야만 하는 것이 현실이다.

오늘날 많은 사람이 인생 대부분의 시간을 좋아하는 일에 사용하

는 것이 아니라, 생존하는 일에 사용한다. 일이 너무 재미있고, 일이 정말 나의 데스티니를 이루는 길이라서 하는 사람이 얼마나 될까? 대부분은 그저 먹고 살기 위해서 하고 있지 않은가?

취직할 때는 잘 모른다.

"와, 드디어 취직했다!"

취직된 것만으로 기쁘고 흥분된다. 이 직장이 나의 데스티니를 이루어줄 것 같고, 자아성취를 해줄 것 같다. 그러나 5년, 10년 지나다 보면 회의가 들기 시작한다. '이게 뭔가? 내 인생이 이게 다인가? 나는 단지 생존하기 위해 사는 건가? 삶에는 분명 생존 그 이상의 것이 있을 텐데….' 그래서 일탈을 꿈꾸기 시작한다. 형제들은 잘 다니던 직장을 정리하고 사업을 시작하기도 하고, 고시 준비를 하기도 한다. 자매들은 새로운 사랑을 꿈꾼다. 나를 행복하게 해줄 왕자님을 찾는다. 남편 뒷바라지에 아이들 키우고 집 안 청소하는 이 감옥 같은 일상에서 자신을 구원해줄 구세주를 찾아 이상한 선택들을 꿈꾼다. 드라마의 단골 소재가 되는 그런 일탈 말이다. 왜 그럴까? 내가 발을 딛고 있는 현실과 살룸이 없기 때문이다.

그러나 형제든 자매든, 실제로 일탈을 실행하는 사람은 그다지 많지 않다. 왜냐하면 능력이 없다. "에라, 이 직장 아니면 내가 못 사냐? 때려치워!" 이러고 싶어도 곰곰이 현실을 들여다보면 맞다. 이 직장이 없으면 못 산다. 이 나이에 새로 취직하기도, 새로 공부를 시작하기도 쉽지 않다. 자격증 따기도 만만치 않다. 딸린 가족도 많다. 능력이 안 된다. 비참하지만 이게 현실이다. 그냥 포도주 틀에서 밀 타작이라도 해야 먹고 산다.

하나님께 원망이 쌓이면 살롬이 깨진다

이렇게 살다보면 내면에 고통이 쌓인다. 그리고 이 고통의 원인을 좇아가보면 거기 하나님이 계신다. 그래서 결국 하나님에 대한 원망으로 이어지게 된다. 기드온도 그랬다.

> 기드온이 그에게 대답하되 오 나의 주여 여호와께서 우리와 함께 계시면 어찌하여 이 모든 일이 우리에게 일어났나이까 또 우리 조상들이 일찍이 우리에게 이르기를 여호와께서 우리를 애굽에서 올라오게 하신 것이 아니냐 한 그 모든 이적이 어디 있나이까 이제 여호와께서 우리를 버리사 미디안의 손에 우리를 넘겨주셨나이다 하니 삿 6:13

이것이 오늘날 현대인들의 반응이기도 하다.

"하나님이 계신다면 내 인생은 왜 이런가?", "하나님이 계신다면 이 현실은 뭔가? 이 지겨운 일상은 무엇이며, 왜 나는 여기서 벗어날 수 없는 건가?", "여호와께서 우리와 함께 계시면 어찌하여 이 모든 일이 우리에게 일어났나이까?" 이 고통 속에서 하나님과의 살롬이 깨진 것이다.

당신의 삶은 어떤가? 하나님과의 살롬이 깨지지는 않았는가? 일반적으로 하나님과의 살롬이 깨지는 데는 두 가지 이유가 있다. 하나는 나에 대한 살롬이 깨진 것이고, 두 번째는 현실에 대한 살롬이 깨진 것이다. 쉽게 이야기하면 내가 맘에 안 들고, 내가 처한 현실이 맘에 안 드는 것이다. 그런데 왜 하나님은 나를 이렇게 만드셨고, 왜 하나님은 내 상황이 이렇게 꼬이도록 놔두시느냐는 것이다. 이것이 하나님과의 살롬이 깨지는 이유다.

그렇다면 어떻게 해야 하나님과 깨진 살롬을 회복할 수 있을까? 그리고 그 결과 나 자신과의 살롬과 환경에 대한 살롬이 회복될 수 있을까? 그러려면 먼저 오해를 바로잡아야 한다. 고통 때문에 하나님과의 살롬이 깨진 것이 아니라, 하나님과의 살롬이 깨졌기 때문에 고통이 온 것이라는 사실이다. 우리가 겪고 있는 고통들, 나 자신과 깨진 살롬, 현실과 깨진 살롬은 하나님과의 살롬이 깨졌기 때문에 온 결과이지, 이것 때문에 하나님과의 살롬이 깨진 것이 아니다. 우리는 원인과 결과를 거꾸로 오해하고 있다. 좀 더 자세히 살펴보자.

미운 오리 새끼

마음에 안 드는 자신과, 내가 처한 상황이라는 현실 때문에 하나님과의 살롬이 깨진 기드온에게 하나님께서 이렇게 말씀하신다.

여호와께서 그를 향하여 이르시되 너는 가서 이 너의 힘으로 이스라엘

을 미디안의 손에서 구원하라 내가 너를 보낸 것이 아니냐 하시니라

삿 6:14

"너는 가서 이 너의 힘으로 이스라엘을 미디안의 손에서 구원하라" 하신다. 기드온은 자신 안에 무엇이 있는지 몰랐다. '이 너의 힘으로', 하나님께서 창조하실 때부터 기드온 안에 주신 것이 있는데, 그것은 미디안으로부터 이스라엘을 구원할 힘이었다! 믿어지는가? 나는 지금 어떻게 할 수 없는 미디안이라는 현실 때문에, 그리고 이 현실 앞에서 어쩔 수 없는 내 초라한 모습 때문에 샬롬이 없는데, 진실은 무엇이라고? 그 미디안의 현실을 해결할 능력, 문제를 뛰어넘을 수 있는 능력을 이미 네 안에 주셨다는 것이다. 그렇기 때문에 기드온 너는 보잘것없는 존재가 아니라는 것이다. 네가 처한 현실도, 스스로에 대한 자괴감도 사실에 기초한 것이 아니라는 것이다. 그것은 나-너를 창조한 창조주와의 샬롬이 깨어졌기 때문에, 내가 너를 어떤 존재로 만들었는지 모르기 때문에 생긴 고통이라는 것이다.

당신은 자신이 어떤 존재인지 아는가? 당신은 "너의 힘으로 이스라엘을 미디안의 손에서 구원할 존재"다! 당신 앞에 있는 현실, 당신을 막고 있는 장벽, 그것이 개인적인 것일 뿐만 아니라 나라와 민족, 열방의 데스티니를 막고 있는 장벽까지도 훌쩍 뛰어넘을 수 있는 그런 존재다! 불행하게도 우리는 이 사실을 모른다. 창조주 하나님을

떠나, 그분의 말씀을 듣지 못하기 때문에 자신이 미운 오리 새끼인 줄 안다. 사실은 백조인데 말이다.

백조라는 사실을 모르니까 맨날 땅바닥만 훑고 돌아다닌다. 그러다 앞에 벽이라도 만나면, 그걸 넘어가는 것이 아니라 이리 돌아가고, 저리 돌아가고, 그래도 안 되니까 벽을 긁고 발로 차고, 그래도 안 되니까 속병이 들고, 하나님과의 샬롬이 깨진다. 백조는 땅에서 벽 때문에 길이 막히면, 날개를 펴서 훅하고 날아오르면 된다. 그러면 그 장벽을 뛰어넘는 건 문제도 아니다. 문제는 불행하게도 내가 누구인지 모르는 것이다. 스스로를 오리라고 믿고 있다. 땅바닥을 훑고 다니는 오리. 날개를 펴서 날 것은 상상도 못하는 오리.

당신 안에는 이미 현실을 뛰어넘을 능력이 있다. 하나님께서 주셨다. '너의 힘'으로 이스라엘을 미디안에서 구원할 힘을 주셨다. '너의 힘'으로 네 인생의 장벽을 뛰어넘을 능력을 주셨다. 이것이 복음이다! 당신이 어떤 존재인지를 알기 바란다. 당신은 땅바닥을 훑고 다니는 오리가 아니라 날개를 펴서 장벽을 훌쩍 뛰어넘어 창공을 나는 백조다!

동원 능력

그렇다면 이 능력이 구체적으로 어떤 능력일까? 엄밀하게 이야기하면 이 능력은 내 능력은 아니다. 그것은 '하나님께서 함께하시는 능력'이다. 16절에서 이렇게 이야기한다.

> 여호와께서 그에게 이르시되 내가 반드시 너와 함께하리니 네가 미디
> 안 사람 치기를 한 사람을 치듯 하리라 하시니라 삿 6:16

기드온 안에 있는 능력, 미디안에서 이스라엘을 구원할 능력은 분명 기드온 안에 내재된 능력은 아니었다. 그 능력은 기드온이 가면 그곳에 하나님이 함께하시는 능력이었다. 기드온이 요구하면 하나님께서 일하시는 능력! 전화 한 통이면 다 해결할 수 있는 그런 능력이라는 것이다.

내가 중학교 2학년 때 우리 학교 짱과 친구 먹은 적이 있었다. 이 친구는 몇 년인가 학교를 꿇어서 또래보다 나이가 두세 살 많았는데, 싸움으로는 대적할 사람이 없었다. 태권도와 합기도 유단자에, 소문에 의하면 발이 붕 떠서 하늘을 날아다닌다는 것이다.

그런데 어쩌다보니 이 친구와 친하게 되었다. 이 친구도 내가 공부를 잘하니까 나랑 친구라는 것이 자랑스러웠나보다. 항상 나를 지켜줬다. 겁날 게 없었다. 설령 누가 내게 시비를 걸면 나야 상대가 안 된다. 힘도 없고 배짱도 없고 실력도 없다. 그런데 믿는 구석이 있다. 나는 힘이 없지만 내가 부르기만 하면 친구가 달려온다! 겁날 게 없었다.

그런데 이것도 결국 내 능력 아닌가? 어떤 능력? 동원 능력! 하나

님께서 기드온에게 "너의 힘으로"라고 하셨을 때 이 힘, 이스라엘을 미디안에서 구원할 능력은 바로 이 '동원 능력'이었다. 기드온 안에 물리적으로 잠재된 능력? 이런 건 없었다. 그래서 기드온은 자기를 보고 좌절했다. 자신을 땅이나 훑고 다니는 오리라고 생각했다.

그런데 사실은 기드온 안에 놀라운 능력이 있었다. 그것은 바로 하나님께서 약속하신 "내가 반드시 너와 함께하리니!"의 이 능력이었다! 미디안 사람 치기를 한 사람을 치듯 할 능력, 하나님의 앞서 일하심으로 불가능이 없는 능력, 현실의 장벽을 뛰어넘고 세상을 변화시킬 능력. 이것이 사실은 당신의 능력이다! 하나님을 동원할 수 있는 위대한 능력이 바로 당신에게 있다!

담대함

이 능력을 알 때 우리 안에 일어나는 변화가 있는데, 그것은 담대함이 생기는 것이다. 두려움이 없어지는 것이다. 이전까지 그렇게 커 보였던 골리앗이 갑자기 난쟁이 땅꼬마로 보이기 시작한다. 왜? 내 안에 계신 분, 나와 함께 계신 분이 훨씬 더 크기 때문이다! 이것이 불가능해 보이는 벽, 골리앗 앞에 섰던 다윗의 담대함이었고, 요단을 건너 가나안 땅으로 진격했던 여호수아의 담대함이었다.

다윗이 블레셋 사람에게 이르되 너는 칼과 창과 단창으로 내게 나아오

거니와 나는 만군의 여호와의 이름 곧 네가 모욕하는 이스라엘 군대의
하나님의 이름으로 네게 나아가노라 삼상 17:45

내가 네게 명령한 것이 아니냐 강하고 담대하라 두려워하지 말며 놀라
지 말라 네가 어디로 가든지 네 하나님 여호와가 너와 함께하느니라
하시니라 수 1:9

하나님께서 함께하시는 능력! 요구하기만 하면 하나님께서 일하
시는 동원 능력! 이 능력이 우리 안에 있다. 그러니 담대하라. 눈앞
의 적보다 나와 함께하신 분이 크다. 그러니 환경과 살롬 하라! 그
것은 이미 끝난 싸움이다. 할렐루야! 이것이 하나님을 만난, 그래
서 자신이 누군지를 깨달은 기드온의 살롬이었다. 당신도 이런 살롬
을 누리고 싶지 않은가? 하나님을 만나라. 그리고 당신이 누구인지
를 하나님께 들으라. 당신은 미디안에서 이스라엘을 구원할 위대한
존재다. 미디안 사람 치기를 한 사람을 치듯 할 존재다. 땅바닥이나
훑고 다니는 오리가 아니라 날개를 펴서 훌쩍 날아오를 백조다. 이
것이 당신의 진짜 모습이다.

현실인가, 믿음인가
당신은 현실과 살롬 하는가? 당신이 처한 상황 속에 평강이 있는

가? 미디안의 십삼만 대군이라는 현실 앞에서도 샬롬이 있는가? 있어도 된다. 왜냐하면 이스라엘을 구원할 힘이 당신 안에 있기 때문이다. 그것은 미디안의 대군을 한 사람 치듯 하실 하나님이 당신과 함께하시는 힘이다. 샬롬 하라! 미디안의 대군 앞에서! 그리고 내 군대가 삼백 명밖에 안 되는 현실 앞에서! 이것이 믿음이다. 그리고 이 믿음으로 살 때 당신은 미디안의 대군이 한순간에 무너지는 것을 볼 것이다.

이 믿음으로 모세와 이스라엘 백성은 홍해를 걸어서 건넜고, 이 믿음으로 다윗은 거인 골리앗을 난쟁이 보듯 했다. 이 믿음으로 여호수아는 여리고성을 무너뜨렸고, 이 믿음으로 베드로는 물 위를 걸었다! 우리 믿음의 선배들은 모두 믿음으로 현실을 뛰어넘었다. 믿음으로 자신이 누군지 알았고, 나와 함께하시는 분이 누구신지 알았고, 그분의 능력을 가져다 사용함으로 현실을 샬롬으로 평정했다.

미디안의 대군이라는 현실 앞에 샬롬을 잃었는가? 미디안의 폭정 앞에 생존을 위한 삶을 살고 있는가? 그러나 당신은 그런 존재가 아니다. 당신은 큰 용사다. 당신은 미디안의 대군을 한 사람을 치듯이 할 사람이다. 이것이 하나님이 당신에게 주신 데스티니다! 믿음의 자리로 나오라. 지금 당장 나오라. 왜냐하면 오늘이 당신의 포도주 틀 이야기가 시작되는 날이기 때문이다.

PART **3**

거룩함

데스티니 문지기

HOLINESS

거룩함은 우리의 데스티니를 지켜주는 문지기다. 만약 당신 집 대문이 활짝 열려 있다면 집이 온전하기를 기대할 수 없듯이, 거룩함이 없다면 데스티니가 온전하기를 기대할 수 없다.

많은 사람이 죄로 인해 데스티니의 여정을 멈추었다. 어떤 비즈니스맨은 거짓말 때문에 사업을 접고 감옥에 가야 했고, 어떤 목회자는 넘지 말아야 할 선을 넘어서 한순간에 모든 사역을 내려놓아야 했다. 어떤 청년은 분노로 사랑하는 사람들을 모두 떠나보내고 혼자 외롭고 처량한 시간을 보내고 있고, 어떤 자매는 질투 때문에 그녀의 전부라 할 수 있는 가정을 잃어버렸다.

누구보다 찬란하고 누구보다 놀라울 것이라 기대했던 미래가 한순간에 잿빛으로 변해버렸다. 죄! 그렇다. 죄는 우리의 데스티니를 파괴한다. 선택을 쉽게 생각하지 마라. 모든 선택에는 결과가 있다.

우리 인생은 마치 시시각각 길이 바뀌는 미로와 같다. 우리의 선택은 그 미로를 바꾼다. 당신의 선택에 따라 닫혔던 문이 열리기도 하고, 열렸던 문이 닫히기도 한다. 그리고 열리고 닫히는 문들에 따라 당신의 데스티니는 원래와는 전혀 다른 곳에 도달하게 된다. 죄는 열려야 할 문을 닫고, 닫혀야 할 문을 연다. 그 결과 당신의 데스티니는, 원래 도달했어야 할 하나님이 계획하신 찬란하고 위대한 목적지와 전혀 다른, 이상한 곳에 다다르게 된다. 죄가 우리를 이끄는 곳은 장밋빛 축복이 아니라 잿빛 재앙이다.

하나님이 죄를 그토록 미워하시는 이유는 죄가 하나님께 직접 어떤 해를 끼치기 때문이 아니다. 죄는 하나님께 어떤 해도 끼치지 못한다. 하나님이 죄를 미워하시는 이유는 죄가 그 죄를 지은 사람, 하나님의 사랑하는 자녀의 데스티니를 파괴하기 때문이다. 사랑의 하나님은 자녀들의 데스티니가 죄로 파괴되는 것을 마음 아파하신다. 이것이 하나님이 죄를 미워하시는 진짜 이유다.

가인의 이야기는 죄가 어떻게 우리의 데스티니를 파괴하는지를 보여준다. 심지어 성경 최고의 히어로 삼손조차도 죄 앞에서 무기력했다. 데스티니를 발견하고 이루어가기 원한다면, 한 가지를 묻고 싶다. 거룩함을 지킬 준비는 되었는가?

5
데스티니를 파괴하는 메커니즘 - 가인

1 아담이 그의 아내 하와와 동침하매 하와가 임신하여 가인을 낳고 이르되 내가 여호와로 말미암아 득남하였다 하니라 2 그가 또 가인의 아우 아벨을 낳았는데 아벨은 양 치는 자였고 가인은 농사하는 자였더라 3 세월이 지난 후에 가인은 땅의 소산으로 제물을 삼아 여호와께 드렸고 4 아벨은 자기도 양의 첫 새끼와 그 기름으로 드렸더니 여호와께서 아벨과 그의 제물은 받으셨으나 5 가인과 그의 제물은 받지 아니하신지라 가인이 몹시 분하여 안색이 변하니 6 여호와께서 가인에게 이르시되 네가 분하여 함은 어찌 됨이며 안색이 변함은 어찌 됨이냐 7 네가 선을 행하면 어찌 낯을 들지 못하겠느냐 선을 행하지 아니하면 죄가 문에 엎드려 있느니라 죄가 너를 원하나 너는 죄를 다스릴지니라 8 가인이 그의 아우 아벨에게 말하고 그들이 들에 있을 때에 가인이 그의 아우 아벨을 쳐죽이니라 창 4:1-8

유학생으로 있을 때 몸이 좋지 않아 병원에 갔다. 별생각 없이 간 병원에서 청천벽력 같은 소리를 들었다. 미국 의사 말이, 간이 좋지 않아 앞으로 10년 안에 내 간은 기능이 멎는다는 것이다!

"Wait a moment! You mean, I might die within 10 years?(잠깐만요, 제가 10년 안에 죽을 수도 있다는 말입니까?)"

앞이 깜깜해졌다. 인생에는 예상치 못한 수많은 요소들이 있다. 오늘 학교에 간다고 나간 아이에게 아무 일이 없을지, 다음 주에 있을 건강검진 결과는 괜찮을지와 같은 개인적인 것부터 시작해서 대한민국의 앞날에는 무엇이 기다리고 있을지에 이르기까지 예상치 못한 요소들은 우리를 두렵게 한다. 비록 의사의 예언(?)과 달리 20년도 더 지난 지금까지 나는 건강하게 살고 있지만, 그때의 두려움은 아직도 기억에 생생하다.

하나님을 떠난 아담이 처음으로 느꼈던 감정은 두려움이었다. 이전에는 한 번도 경험해본 적 없는 '하나님 없이 혼자 힘으로 사는 삶'을 시작해야 했기 때문이다. 아담 안에 있던 이 두려움은 세대를 거치며 더 증폭되어 가인은 성을 쌓기에 이른다(창 4:17). 아무도 들어오지 못하도록 높고 튼튼한 성을 쌓았다. 조금 안심이 된다. 그런데 문제가 생겼다. 이번에는 혼자라는 외로움이 가인을 괴롭히기 시작한 것이다. 성문을 열자니 두렵고 닫자니 외롭다. 현대인들을 괴롭히는 두려움과 외로움은 현대 사회만의 문제가 아니라, 하나님을 떠난 인간의 피할 수 없는 운명이다. 인간은 원래 하나님과 함께 살도록 지음 받았기 때문이다.

가인이 스스로 묻는다.

"내가 왜 이렇게 되었지?"

그렇다. 죄! 죄는 우리의 데스티니를 왜곡하고 파괴한다. 사랑 속에서 하나 된 삶을 누리도록 지음 받은 데스티니가, 두려움 속에 성을 쌓고, 성 안에서 혼자 외로움과 싸우는 이상한 데스티니로 변질되어버렸다. 하나님께서 죄를 미워하시는 이유는 죄가 사랑하는 자녀들의 데스티니를 파괴하기 때문이다.

가인의 이야기를 시작해보자. 죄가 망가뜨려버린 고통스러운 데스티니의 이야기를.

가인이 망했다!

가인은 그의 부모인 아담과 하와 그리고 동생 아벨과 함께 평화롭게 살고 있었다. 그는 농사짓는 사람이었다. 봄이면 씨를 뿌리고 가을에는 곡식을 거둬들이는 기쁨이 있었다. 매일 일과가 끝나면 가족과 함께 오순도순 행복한 시간을 보냈다. 그러던 어느 날 그의 인생에 엄청난 변화가 일어난다.

> 12 네가 밭을 갈아도 땅이 다시는 그 효력을 네게 주지 아니할 것이요 너는 땅에서 피하며 유리하는 자가 되리라 13 가인이 여호와께 아뢰되 내 죄벌이 지기가 너무 무거우니이다 14 주께서 오늘 이 지면에서 나를 쫓아내시온즉 내가 주의 낯을 뵈옵지 못하리니 내가 땅에서 피하며 유리하는 자가 될지라 무릇 나를 만나는 자마다 나를 죽이겠나이다 15 여호와께서 그에게 이르시되 그렇지 아니하다 죽이는 자는 벌을 칠 배나 받으리라 하시고 가인에게 표를 주사 그를 만나는 모든 사람에게서 죽임을 면하게 하시니라 창 4:12-15

밭을 갈아도 땅이 효력을 주지 않고, 땅에서 피하며 유리하는 자가 되어버렸다. 왜? 그렇다. 동생 아벨을 죽인 것이다! 죄가 가인의 데스티니를 바꾸어버렸다. 농사짓는 사람에게 땅이 효력을 주지 않고 씨를 뿌려도 곡식이 자라지 않는다니! 오늘날로 말하면 투자를 했는데 매번 수익은커녕 본전도 건지지 못한다는 뜻이고, 물건을 부지런히 만들었지만 하나도 팔리지 않는다는 뜻이다. 한마디로 삶의 터전을 잃어버렸다.

그뿐만 아니라 살던 곳에서 쫓겨나 도망 다니는 신세가 되었다. 누군가가 나를 해칠지도 모른다는 불안에 떨면서 말이다. 가인의 인생 파탄 난 소리가 들리는가? 기쁨의 존재, 다스리고 통치하는 존재, 친밀함의 기쁨을 위해 지음 받은 존재라는 위대한 데스티니를 가진 존재가 도망하여 유리하는 자, 아무리 열심히 일을 해도 소득이 없는 자가 되어버린 것이다. 인생 망했다!

불행한 것은 왜곡된 데스티니가 가인만의 이야기가 아니라는 사실이다. 가인의 왜곡된 데스티니는 하나님을 떠나 죄 가운데 살아가는 모든 사람의 왜곡된 데스티니를 보여준다. 죄는 데스티니를 파괴한다.

데스티니를 파괴하는 죄의 작동 원리

그렇다면 죄가 어떻게 우리의 데스티니를 파괴할까? 죄의 작동 원리를 살펴보면, 첫 번째 단계는 두려움이다. 인간은 하나님 앞에 살도록 지음 받았기에, 하나님을 피하게 만드는 죄는 두려움(불안함)을 일으킨다. 우리 안에 두려움의 태풍이 일기 시작하면 그곳에 더 이상 살롬(평안)은 없다. 데스티니는 살롬 속에서만 마땅히 이르러

야 할 곳에 다다를 수 있다. 살롬이 사라진 두려움의 태풍 속에서 데 스티니 호는 이리저리 휘둘리다 엉뚱한 곳에 다다르고 만다.

요한은 이렇게 이야기한다.

> 사랑 안에 두려움이 없고 온전한 사랑이 두려움을 내쫓나니 두려움에
> 는 형벌이 있음이라 두려워하는 자는 사랑 안에서 온전히 이루지 못하
> 였느니라 요일 4:18

두려움에는 형벌이 있는데, 그것은 두려워하는 자는 "온전히 이루 지 못한다"는 것이다. 무엇을 온전히 이루지 못한다는 것일까? 당연 히 데스티니에 관한 이야기다. 두려움에는 형벌이 있는데, 그것은 우 리의 데스티니를 온전히 이루지 못하게 하는 것이다. 데스티니는 하 나님의 사랑 안에서, 그 사랑이 주는 완전한 평안 속에서만 비로소 온전히 이루어진다. 불행하게도 가인은 죄로 인해 살롬을 잃어버렸 다. 살롬을 잃어버린 그는 두려움 속에 이리저리 휘둘리다 '파괴된 데스티니'를 맞이하게 되었다.

가인의 파괴된 데스티니 이야기는 선악과를 따먹은 아담에게서 시 작된다. 죄는 두 종류의 두려움을 낳는다. 첫째는 하나님에 대한 두 려움인 '아담의 두려움'이고, 둘째는 사람과 환경에 대한 두려움인 '가인의 두려움'이다. 이 두려움의 앙상블은 우리 인생이 파멸을 향해 치닫게 만든다. 멈추고 싶지만 멈춰지지 않는다. 두려움에는 브레이

크가 없다. 피하고 싶지만 피해지지 않는다. 두려움에는 핸들이 없다. 억지로 피했다 싶은 곳에 외로움이라는 복병이 기다리고 있다. 인생은 미쳤다. 죄가 그렇게 만들었다. 그리고 이 미친 이야기는 하나님의 낯을 피한 아담에게서 시작된다.

아담의 두려움

하나님에 대한 두려움

'아담의 두려움'은 하나님에 대한 두려움이다. 죄로 인해 하나님을 두려워하게 된 아담은 하나님으로부터 낯을 돌렸다.

> 8 그들이 그 날 바람이 불 때 동산에 거니시는 여호와 하나님의 소리를 듣고 아담과 그 아내가 여호와 하나님의 낯을 피하여 동산 나무 사이에 숨은지라 9 여호와 하나님이 아담을 부르시며 그에게 이르시되 네가 어디 있느냐 10 이르되 내가 동산에서 하나님의 소리를 듣고 내가 벗었으므로 두려워하여 숨었나이다 창 3:8-10

하나님과 함께 동산을 거닐던 친밀함의 데스티니가 파괴되었다. 부르시는 하나님의 음성이 두려워 아담과 하와가 숨어버렸다. 이전에는 한 번도 경험해보지 못했던 두려움이 인간에게 들어왔다.

선택에 대한 두려움

하나님에게서 낯을 돌린 아담에게 또 다른 두려움들이 꼬리를 물고 찾아왔다. 그것은 '선택에 대한 두려움들'이었다. 어떤 선택이 최선인지 확신할 수 없었다.

"이 대학을 지원하는 것이 최선일까? 재수하는 것이 더 좋은 선택은 아닐까?", "이 직장에서 평생 일하는 것이 최선일까?", "이 남자가 내가 평생을 함께할 사람일까? 나중에 더 좋은 사람이 나타나면 어떡하지?" 무엇을 선택해도 불안하다. 두렵다. 그것이 최선이라고 말해줄 수 있는 유일한 존재에게서 낯을 돌렸기 때문이다.

하나님과 함께할 때는 쉬운 일이었다. 선택을 앞두고 하나님의 낯을 슬쩍 쳐다보기만 하면 그만이었다. 그분의 얼굴에 미소가 흐르고 있다면 오케이! 그것은 최선의 선택이다. 하나님은 모든 선택의 가능성과 미래를 아시는 분이시니까! 반대로 하나님께서 고개를 가로젓고 계신다면 그 선택은 아니라는 뜻이다. 그런데 하나님에게서 낯을 돌리고 나자 더 이상 쳐다볼 곳이 없어졌다. 스스로 선택해야 하는데 불안하다. 선택의 결과를 알 수 있는 것도 아니고, 내가 그것을 할 수 있는 능력이 있는지도 불확실하다.

이 아담의 두려움은 이어지는 아담의 후손들에게 긴 그림자를 드리웠다. 지금도 우리는 이 두려움들과 싸우고 있다. 취업에 대한 두려움, 장래에 대한 두려움, 친구들에게 뒤처지면 안 된다는 두려움, 이성 친구에게 차일 것에 대한 두려움, 나아가 더 본질적으로 "내가 선택한 삶이 과연 의미 있는 삶일지"에 대한 두려움까지.

오, 가련한 아담의 후손들이여! 내가 선택한 것에 대한 확신이 없다. 선택한다고 한들 그것을 이루어낼 수 있을지, 내 능력에 대한 자신도 없다. 지금도 우리는 이 아담의 두려움과 싸우고 있다. 그 어느 시대보다 더 치열하게 말이다. 아담뿐 아니라 우리도 하나님의 낯을 피하고 있기 때문이다.

실체가 없는 두려움

아담의 두려움이 치명적인 이유는 아담의 두려움에는 실체가 없기 때문이다. 호랑이를 두려워한다면 거기에는 두려움을 주는 호랑이라는 실체가 있다. 호랑이를 피하면 두려움도 해결된다. 그런데 아담의 두려움에는 실체가 없다. 생각해보라. 내가 어떤 선택을 한다고 한들 그것이 최선의 선택이었다는 것을 확인할 방법이 없다. 과거로 돌아가 다른 선택을 해볼 수도 없으니까. 그렇기 때문에 하나님에 대한 신뢰가 있지 않은 한, 우리가 어떤 선택을 하더라도 '아담의두려움'을 피할 수 없다. 그리고 아담의 후손들은 이 실체 없는 두려움의 그늘 속에 갇혀 있다.

두려움은 우리를 움츠러들게 한다

아담의 두려움은 결국 아담을 소극적으로 만들었다. 선악과 이후에 이어지는 아담의 이야기에는 그저 자녀를 낳고 살았다는 것 외에 별로 특별한 것이 없다. 원래 아담에게 주어졌던 '만물을 다스리는 위대한 데스티니'는 온데간데없이 사라져버렸다. 두려움 속에 움츠러들어버린 것이다.

아담의 두려움은 우리를 움츠러들게 하고 소극적으로 만든다. 선택에 대한 확신이 없는데 적극적으로 무엇을 할 리가 없지 않은가. 적극적으로 우리의 데스티니를 이루어가는 담대함은 확신이 있을 때만 가능하다. 아담의 두려움은 소극적 태도를 불러일으켜서 결국 우리가 취해야 할 데스티니를 놓치게 만든다. 혹시 당신 안에도 아담의 두려움이 있지는 않은가? 망설임 속에, 사실은 두려움 속에 기회를 날려버린 그런 경험 말이다. 아담을 망하게 한 그 두려움이 당신 안에 있다면 당장 거기서 벗어나라. 어떻게? 다시 하나님의 낯을 바라봄으로!

나는 선택을 앞두고 늘 기도한다. 이 기도는 하나님의 낯을 바라보는 기도다. 좋은 의미로 '눈치를 보는 기도'라고 해야 할까? "하나님, 내 길을 인도해주십시오. 이 선택이 맞는 선택입니까? 그렇다면 확신을 주시고 아니라면 막아주십시오" 이렇게 기도하며 '슬쩍' 하나님의 얼굴을 올려다본다. 하나님의 얼굴에 미소가 있는가, 아니면 근심 어린 표정이신가? 기도 가운데 확신이 온다. 살롬이 임하기도

하고, 기쁨이 임하기도 한다. 마음이 편하다. 어느 때는 반대로 마음이 영 불편하기도 하다. 내 안 깊은 곳에 감추어져 있던 욕심이 드러나기도 하고, 생각하지 못했던 문제점들이 떠오르기도 한다. 서두르지 않으려고 노력한다. 조급함은 우리가 기도를 건너뛰게 하니까 말이다.

하나님의 낯을 바라볼 때 두려움이 사라진다

2011년 초, 시리아에서 전화가 왔다. 우리 교회에서 파송한 J선교사였다. 정부군과 반군 사이에 작은 충돌이 시작되었는데, 뭔가 미리 준비가 필요할 것 같다는 것이었다. 시리아 내전이 지금과 같이 커지기 전이라 예측이 어려웠다. 금세 다시 안정될 것처럼 보였지만, 그렇지 못할 수도 있었다. 전문가들에게 자문했지만 예측이 쉽지 않았다.

선교사가 선교지를 떠나는 것은 쉬운 결정이 아니다. 위기 때 떠났던 선교사는 위기가 지난 후에 현지로 다시 돌아가기가 어렵다. 현지인들에게 환영받지 못하기 때문이다.

"목사님, 어떻게 할까요? 일부 선교사들이 시리아를 떠나기 시작했지만, 뭐 아직까지는 괜찮아 보입니다. 내전은 곧 가라앉을 것 같아 보입니다. 웬만하면 그냥 버티고 있어보려고 합니다."

"기도해보자. 하나님께 묻는 것이 최선 아니겠니?"

우리는 기도를 시작했다. 기도하는 가운데 J선교사는 "당장 시리아를 떠나라"라는 강한 감동을 받았다. 상황은 곧 괜찮아질 것 같아 보였기 때문에 이해하기 어려웠다. 하지만 우리는 기도하는 가운데 '지금 시리아를 떠나는 것'에 대해 평안한 마음을 받았다. 짐을 싸서 이동하기 시작했다. 중단기 선교사까지 12명이나 되는 팀이 밥통을 머리에 이고 국경을 넘어 요르단에 이르렀다. 난민이 되었다!

몇 주 후 팀이 요르단에 정착했을 때쯤, 시리아 내전은 상상할 수 없는 수준으로 확대되었다. 국경은 난장판이 되었다. 아마 이때 국경을 넘으려 했다면 정말 쉽지 않았을 것이다. 수많은 난민이 우리 팀이 넘어왔던 바로 그 경로를 통해 국경을 넘기 시작했고, 우리 팀은 넘어오는 난민들을 안전하게 맞을 수 있었다. 그렇게 시작된 난민사역이 지금까지 많은 열매를 맺고 있다. 나중에야 알게 되었다. 하나님의 계획은 시리아 땅이 아닌 요르단 땅에서 시리아 사람들을 구원하는 것이었다! 하나님의 얼굴을 슬쩍 쳐다본 우리의 결정은 정확한 타이밍에 정확한 곳으로 우리를 인도했다.

하나님의 낯을 바라보아야만 '아담의 두려움'을 넘어설 수 있다. 나에게 최선을 주시는 하나님, 가장 좋은 것을 주시는 하나님, 그 하나님의 얼굴을 바라볼 때만 '아담의 두려움'은 사라진다. 그렇다. 당신은 아담의 그늘에서 벗어날 수 있다. 벗어나야만 한다. 그렇지 않으면 평생 이 실체 없는 두려움 속에서 비참한 노예로 살아야 하니까.

낮을 피했던 얼굴을 다시 돌이켜 하나님의 낯을 바라보라. 피하지 말고 바라보라. 그분과 눈을 맞추라. 사랑의 눈빛이 느껴지지 않는가? 그렇다면 그 사랑 속에서 그분의 음성을 들으라. 우리 인생을 인도하시는 그 사랑의 음성을! 그리고 순종하라. 그것이 최선의 선택이다.

가인의 두려움

사람과 환경에 대한 두려움

죄가 가져오는 두 번째 종류의 두려움은 '가인의 두려움'이다. 이것은 사람에 대한 두려움이다. 아벨을 죽인 가인은 이렇게 고백한다.

13 가인이 여호와께 아뢰되 내 죄짐을 지기가 너무 무거우니이다 14 주께서 오늘 이 지면에서 나를 쫓아내시온즉 내가 주의 낯을 뵈옵지 못하리니 내가 땅에서 피하며 유리하는 자가 될지라 무릇 나를 만나는 자마다 나를 죽이겠나이다 15 여호와께서 그에게 이르시되 그렇지 아니하다 가인을 죽이는 자는 벌을 칠 배나 받으리라 하시고 가인에게 표를 주사 그를 만나는 모든 사람에게서 죽임을 면하게 하시니라 16 가인이 여호와 앞을 떠나서 에덴 동쪽 놋 땅에 거주하더니 17 아내와

동침하매 그가 임신하여 에녹을 낳은지라 가인이 성을 쌓고 그의 아들
의 이름으로 성을 이름하여 에녹이라 하니라 창 4:13-17

에덴에서 쫓겨나며 가인이 이야기한다.

"내가 주의 낯을 뵈옵지 못하리니… 무릇 나를 만나는 자마다 나
를 죽이겠나이다."

아벨을 죽인 가인에게 '사람들에 대한 두려움'이 엄습해왔다. 가
인의 두려움은 내가 컨트롤 할 수 없는 것들, 다른 사람과 환경에 대
한 두려움이다. "집에 강도가 들어오면 어쩌지?", "우리 아이가 길을
건너다가 차에 치이지는 않을까?", "경주에 지진이 있었다는데, 우리
동네에도 지진이 오는 건 아닐까?", "북한 핵은 괜찮을까?" 우리에게
는 다른 사람 또는 환경 등 내가 스스로 컨트롤 할 수 없는 것들에
대한 두려움이 있다. 가인의 두려움이다.

몇 년 전 신문에 보도되었던 사건이다. 한 30대 회사원이 고아 남
매를 불쌍히 여겨 도와주었다. 자기 돈 삼백만 원을 들여 이들에게
방도 얻어줬다. 참 착한 사람이다. 그런데 사실은 이들이 고아 남매
가 아니라 가출한 청소년들이었다. 끔찍하게도 이들은 자신을 도와
준 회사원을 죽이고 돈을 빼앗을 계획을 세운다. 어떻게 죽일 것이며
시체를 어떻게 처리할지까지 치밀하게 계획을 세웠다. 다행히도 살인
계획은 실패로 끝났고, 돈만 빼앗아서 달아났다.

무서운 세상이다. 직장인의 85퍼센트가 묻지마 범죄에 두려움을

느끼고 있으며 4명 중 1명이 귀가 시간을 앞당겼다는 보고도 있다. 강남역 사건, 오원춘 사건이 나에게 일어나지 말라는 법이 어디 있는가? 나만 착하게 산다고 될 일이 아니다. '가인의 두려움'은 내 노력으로 컨트롤 할 수 없는 세상과 다른 사람들에 대한 두려움이다.

두려움은 외로움을 낳는다

가인은 이 두려움을 극복하고자 성을 쌓았다(창 4:17). 아무도 접근하지 못하도록 담을 높게 쌓았다. 이제 조금 안심이 된다. 그런데 새로운 문제가 생겼다. 외롭다! 인생의 담을 높이 쌓고 아무도 내 삶에 들어오지 못하게 하는 것이 두려움에는 도움이 될지 모르나 외로움이라는 복병이 기다린다.

삶에는 친구가 필요하다. 나를 응원하고 격려해주며, 기쁠 때 함께 기뻐해주고 슬플 때 함께 슬퍼해줄 친구 말이다. 부족한 모습이지만 있는 모습 그대로 나를 받아주고 사랑해줄 친구가 필요하다. 성문을 열고 친구를 받아들여야 한다. 그런데 그러자니 두렵다. 다시 성문을 닫는다. 외로움은 두려움의 파생 상품이다.

이 모순은 어디서 왔을까? 그렇다. 하나님을 떠난 것에서 왔다. 오늘날 우리가 앓고 있는 두려움과 외로움의 병은 하나님의 낯을 피한 결과다. 선악과 후유증이다.

가인의 두려움을 어떻게 극복할 수 있을까? 그 열쇠는 믿음이다.

두려워하는 가인에게 하나님은 표를 주셨다.

> 여호와께서 그에게 이르시되 그렇지 아니하다 가인을 죽이는 자는 벌
> 을 칠 배나 받으리라 하시고 가인에게 표를 주사 그를 만나는 모든 사
> 람에게서 죽임을 면하게 하시니라 창 4:15

그런데 가인은 이 표를 받고도 여전히 두려웠다. 표를 받고 나서
도 성을 쌓았다. 가인은 하나님의 말씀을 믿을 수 없었다.

'과연 하나님의 이 보증이 정말 효과가 있을까? 나도 하나님의 말
씀을 어기고 아벨을 죽였는데, 다른 사람이라고 하나님의 말씀에
고분고분 순종할까? 못 믿겠다. 스스로 나를 지켜야지!'

성을 쌓는다. 가인은 하나님에 대한 신뢰가 없었다. '가인의 두려
움'은 믿음 없이는 해결되지 않는다.

평안

하나님은 나를 사랑하시는 분이다. 나를 안전하게 지켜주시는 분
이며, 내 인생에 최선의 것만을 주시는 분이다. 하나님은 내가 성공
하든 실패하든 그것에 개의치 않고 나를 받아주고 용납해주시는 분
이다. 이 하나님 안에 있을 때 아담은 두려움을 몰랐다. 외로움도
몰랐다. 그에게는 오직 평안만이 있었다. 그리고 데스티니는 이 평

안 속에서만 제자리를 찾는다.

죄가 데스티니를 망가뜨리는 메커니즘은 평안을 파괴하는 것이다. 죄는 두려움이라는 폭풍을 일으킨다. 두려움의 태풍은 데스티니 호를 이리저리 휘둘러 항로를 벗어나게 한다. 죄가 데스티니를 파괴한 것이다. 당신 안에는 무엇이 있는가? 두려움인가, 아니면 평안인가?

예수님은 다음 말씀으로 당신을 초대하신다.

> 평안을 너희에게 끼치노니 곧 나의 평안을 너희에게 주노라 내가 너희
> 에게 주는 것은 세상이 주는 것과 같지 아니하니라 너희는 마음에 근
> 심하지도 말고 두려워하지도 말라 요 14:27

근심하지도 말고 두려워하지도 말라. 예수께로, 하나님께로 나오라. 평안을 주신다. 세상이 주는 것과는 근본적으로 다른 평안을 주신다. 두려움을 바꿔 평안으로, 태초에 아담이 누렸던 그 완벽한 평안으로 바꿔주신다. 엄마 품에서 젖을 빨며 잠든 아기의 평안한 얼굴을 본 적이 있는가? 어떤 두려움도, 어떤 불안도 없는 아기의 완전한 평안! 하나님 안에서 누리는 평안은 이런 것이다.

예수님이 승천하신 후, 제자들은 정말로 이 평안을 누렸다. 베드로는 감옥에서 죽음을 기다리는 가운데서도 편안히 누워 잠들었으며, 스데반은 죽음을 눈앞에 두고도 전혀 두려워하지 않고 오히려

기뻐했다. 세상은 이해할 수 없었다. 이상하다 못해 신비했다. 제자들에게는 정말 세상이 줄 수도 없고 알 수도 없는 신비한 평안이 있었다. 그리고 이 평안 속에 그들의 데스티니는 무사히 항구에 이르렀다!

당신도 이런 평안을 누리고 싶지 않은가? 다시 말하지만, 당신의 낯을 하나님께로 돌리라. 그리고 그분의 사랑의 음성을 들으라. 두려움을 내쫓는 그분의 음성을!

> 사랑 안에 두려움이 없고 온전한 사랑이 두려움을 내쫓나니 두려움에
> 는 형벌이 있음이라 두려워하는 자는 사랑 안에서 온전히 이루지 못하
> 였느니라 요일 4:18

두려움을 내쫓는 것은 높은 성이 아니라 온전한 사랑이다. 하나님의 온전한 사랑만이 우리를 두려움과 외로움에서 건져낼 수 있다. 두려움과 싸우려고 높은 담을 쌓고 있다면, 멈추라. 당신의 데스티니는 외로움 속에 또 다른 곳으로 표류하게 될 것이다. 두려움과 외로움을 평안으로 바꾸는 것은 온전한 사랑뿐이다.

평안히 눕고 자기도 하리니

처음 이야기를 마무리하자. 의사의 말이 나의 간수치가 높고, 이

대로 두면 10년 안에 내 간의 기능이 완전히 정지한다는 말을 듣고 집에 돌아왔을 때 나는 불안함과 두려움에 잠을 이룰 수 없었다. 뒤척이다 할 수 없이 깨어 기도하기 시작했다. 깊은 씨름의 기도 가운데 하나님의 함께하심이 무엇인지에 대해 묵상하게 되었다. '하나님의 함께하심'이란, "내 운명은 간에 의해 결정되는 것이 아니라 하나님의 손에 의해 결정된다"는 것이었다! 하나님이 나와 함께하실 때, 세상 의학이 뭐라고 하든, 결국 내 운명은 그분에 의해 결정된다. 내속에 믿음이 살아났다!

> 내가 평안히 눕고 자기도 하리니 나를 안전히 살게 하시는 이는 오직 여호와이시니이다 시 4:8

시편 4편은 다윗이 고난 가운데 있을 때 부른 노래다. 사울에게 쫓겨 광야를 숨어 다닐 때이거나, 아니면 압살롬의 반란으로 도망다닐 때였다. 다윗이 도망 다닌 이스라엘의 광야는 그리 넓은 곳이 아니다. 손바닥만한 광야에서 왕의 군대를 피해 도망 다닌다는 것은 거의 불가능한 일이었다. 분명 다윗은 불안함 때문에 수많은 불면의 밤을 보냈어야 정상이다. 그런데 놀랍게도 다윗은 전혀 다르게 고백한다.

"평안히 눕고 자기도 하리니"

이것이 손바닥만한 광야에서 왕의 군대에 쫓기던 사람의 고백이라니! 평안히 눕고 자기도 한단다! 이 평안이 어디서 왔을까? 그것은 나와 함께하시는 분이 누구신지, 그리고 내 운명을 쥐고 계신 분이 누구신지를 아는 데서 왔다! 당신은 당신과 함께하시는 분이 누구신지 아는가? 알아야 한다. 이것을 모를 때 당신은 두려움과 외로움의 저주 속에 살아야 하니까.

얼마 전 건강검진을 했다. 나이가 들다보니 혈압도 문제가 있고, 여기저기 자잘한 문제들이 있다고 한다. 그런데 재미있는 것은 간 수치만은 지극히 정상이다! 10년이 아니라 20년이 지났는데도 말이다. 나는 오늘도 평안히 눕고 잠자리에 든다. 예측할 수 없는 미래와 불안 속에서도 그럴 수 있는 것은 나와 함께하시는 분을 믿기 때문이다.

6

혼합된 데스티니 - 삼손

28 삼손이 여호와께 부르짖어 이르되 주 여호와여 구하옵나니 나를 생각하옵소서 하나님이여 구하옵나니 이번만 나를 강하게 하사 나의 두 눈을 뺀 블레셋 사람에게 원수를 단번에 갚게 하옵소서 하고 29 삼손이 집을 버틴 두 기둥 가운데 하나는 왼손으로 하나는 오른손으로 껴 의지하고 30 삼손이 이르되 블레셋 사람과 함께 죽기를 원하노라 하고 힘을 다하여 몸을 굽히매 그 집이 곧 무너져 그 안에 있는 모든 방백들과 온 백성에게 덮이니 삼손이 죽을 때에 죽인 자가 살았을 때에 죽인 자보다 더욱 많았더라 삿 16:28-30

삼손의 프로파일

삼손 하면 가장 먼저 무엇이 떠오르는가? 기독교 버전의 슈퍼맨 또는 유대인 헤라클레스? 그러나 삼손의 이야기를 자세히 살펴보면 삼손은 그런 사람과 거리가 멀었다. 삼손의 프로파일을 보자.

사사

첫째, 삼손은 사사였다. 사사는 이스라엘에 왕국이 세워지기 전까지 이스라엘 민족을 이끌던 지도자를 일컫는 이름이다. 이스라엘이 외세의 침략으로 위기에 처할 때마다 하나님께서는 하나님의 사람들을 세우셔서 이스라엘을 구원하셨는데 이들을 사사라 불렀다.

기드온, 드보라, 입다, 삼손, 사무엘 등이 모두 사사였다.

나실인

둘째, 삼손은 사사였을 뿐 아니라 나실인이었다. 나실인이란 히브리어로 "성별된 사람"이라는 뜻인데, 일정 기간 또는 평생을 하나님 앞에 특별하게 헌신된 삶을 살기로 서원한 사람을 일컬었다. 모세의 율법에 따르면, 나실인 서원을 한 사람은 서원 기간 동안 세 가지를 금하게 되는데, 첫째, 포도주를 마시지 않고, 둘째, 머리털을 자르지 않으며, 셋째, 시체를 만지지 않았다.

One-man Army

셋째, 삼손은 사사기에 등장하는 사사들 중 가장 큰 능력을 가진 사람이었다. 기드온이 삼백 용사로 수십만의 적군을 물리쳤다면, 삼손은 삼백 명도 필요 없었다. 그는 군사를 따로 모을 필요가 없었다. 적군이 백 명이든 천 명이든 혼자 상대했다. 삼손은 진정한 one-man army(일인 군대)였다. 이런 능력을 가진 사사는 성경 전체를 통틀어 삼손밖에 없었다. 삼손은 전무후무한 능력을 가진 사람이었다.

적에게 잡혀 죽은 유일한 사사

넷째, 이 네 번째 특징이 우리를 헷갈리게 하는데, 삼손은 그 엄청 난 능력에도 불구하고 적군에게 잡혀 죽은 유일한 사사이다. 적군에 게 사로잡혀 광장에서 재주를 부리며 조롱거리가 된 사사도 삼손뿐 이었다. 사사들은 전쟁에서 패배를 몰랐다. 하나님이 특별히 함께 하셨기에 아무리 불리하고 불가능해 보이는 전쟁이라도 반드시 이 겼다. 그런데 삼손은 적군에게 포로가 되고 잡혀 죽었다.

헷갈리지 않는가? 분명 삼손은 큰 능력을 가졌던 사람이었고, 하 나님이 선택하신 사람이었으며, 이스라엘의 원수 블레셋을 여러 차 례 물리친 하나님나라의 영웅이었다. 그런데 동시에 적군에게 잡혀 죽은 유일한 사사라니? 이뿐 아니라 삼손은 여러 가지 면에서 참 헷 갈리는 사람이었다. 삼손의 이야기를 읽다보면, "그래서 이게 하나 님 앞에서 잘했다는 거야, 잘못했다는 거야?" 이렇게 헷갈린다. 삼 손은 도대체 누구인가? 하나님나라의 슈퍼스타인가, 아니면 전례 없는 망나니인가? 헷갈리는 인물이다. 그리고 이것이 삼손이 우리에 게 던지고 있는 데스티니의 메시지다. 데스티니를 이루기 원한다면, 하나님 앞에서 흑백이 확실한 인생을 살라는 것이다. 그렇지 않으면 당신의 데스티니도 삼손처럼 헷갈릴 수 있다.

삼손의 인생을 한마디로 요약하면 '혼합 인생'이다. 분명히 하나 님을 섬기기는 하는 것 같은데, 뭔가 다른 불순물도 섞여 있다. 불 행한 것은 이것이 삼손만의 이야기가 아니라는 것이다. '삼손의 헷갈림'은 우리 주위에서 어렵지 않게 발견된다.

"분명히 예수 믿는 사람 같은데, 저건 뭐지?"

심지어 어떤 경우에는 장로님이고 목사님이라도 머리를 갸우뚱하게 만드는 일들을 어렵지 않게 접한다. 다른 사람은 그만두고 나 자신은 어떤가? 하나님 앞에서 흑백이 확실한 인생을 살고 있는가? 삼손이 이야기한다. 데스티니를 망가뜨리는 데스티니 파괴자는 '혼합 신앙'이라고.

삼손의 혼합 신앙

삼손의 혼합 신앙은 크게 세 가지로 요약될 수 있다. 목적의 혼합, 방법의 혼합 그리고 결과(데스티니)의 혼합이 그것이다.

목적의 혼합

혼합 신앙은 '목적의 혼합'에서부터 시작된다.

> 1 삼손이 딤나에 내려가서 거기서 블레셋 사람의 딸들 중에서 한 여자를 보고 2 올라와서 자기 부모에게 말하여 이르되 내가 딤나에서 블레셋 사람의 딸들 중에서 한 여자를 보았사오니 이제 그를 맞이하여 내

아내로 삼게 하소서 하매 3 그의 부모가 그에게 이르되 네 형제들의 딸 중에나 내 백성 중에 어찌 여자가 없어서 네가 할례 받지 아니한 블레셋 사람에게 가서 아내를 맞으려 하느냐 하니 삼손이 그의 아버지에게 이르되 내가 그 여자를 좋아하오니 나를 위하여 그 여자를 데려오소서 하니라 4 그때에 블레셋 사람이 이스라엘을 다스린 까닭에 삼손이 틈을 타서 블레셋 사람을 치려 함이었으나 그의 부모는 이 일이 여호와께로부터 나온 것인 줄은 알지 못하였더라 삿 14:1-4

삼손이 딤나의 여인과 결혼을 하겠단다. 블레셋 여인이다. 모세에게 주신 율법에 의하면 말도 안 되는 이야기였다. 그런데 다른 사람도 아닌 이스라엘의 사사가 이방 여인과 결혼을 하겠다니! 그런데 4절을 보면 삼손의 설명이 나온다. 진짜 결혼하려는 것이 아니고, 핑계를 잡아서 블레셋 사람을 치려는 하나님의 계획이란다. '아! 그럼 그렇지!' 이해가 될 것 같다. 그런데 이상하다. 사사기 16장 1절을 보면 삼손이 기생집에 들락거린다. 이건 또 뭔가? 들릴라라는 여자와 사랑에 빠진다. 대체 어떻게 된 건가? 헷갈린다. 딤나의 여인과 결혼하겠다는 삼손의 진의를 의심하게 하는 사건이 한둘이 아니다.

분명 하나님께로부터 나온 계획이기는 한데, 또 한편으로는 그냥 "자기가 좋아서" 하는 것 같기도 하다. 찝찝하다. 정말 블레셋을 치려고 하는 것이었다면 여호수아처럼 명확하게 하면 안 될까?

"나와 내 집은 여호와를 섬기겠노라!"

삼손의 진짜 목적이 무엇이었는지, 하여간 좀 헷갈린다. 아마 두 가지가 섞여 있었다고 보는 것이 옳지 않을까? 하나님을 위해서이기도 하고, 딤나의 여인이 예쁘기도 하고. 목적의 혼합이다.

우리 안의 삼손

오늘날 우리는 어떤가? 분명 주를 위해 하기는 하는데 돈도 좀 벌고 싶고, 주를 위해 하기는 하는데 이왕이면 성공도 좀 하고 싶고, 주를 위해 하기는 하는데 저 자매가 예쁘기도 하고…. 우리 안에도 삼손이 있지 않은가?

"저 자매가 제 배우자라는 응답을 받았습니다."

"왜 저 자매인데?"

"믿음이 좋습니다."

"믿음은 A자매도 좋잖아?"

"주 안에서 비전이 같습니다."

"비전은 B자매가 더 같잖아."

"음… 기도를 많이 합니다."

"기도는 C자매가 더 많이 하는데?"

"……."

"솔직히 말해봐. 예쁘잖아!"

형제들과 결혼 상담을 하다보면 흔히 오가는 대화다. 주님의 이름을 들먹이기는 하는데, 다른 마음도 같이 있다. 목적의 혼합이다. 우리 주위에서 흔히 볼 수 있다. '주님의 기업'이라고 크게 써 붙이기는 했는데, 실은 그냥 자기가 하고 싶은 일을 한다. 이것이 혼합 신앙의 시작이다. 남의 이야기가 아니다. 내 안에도 삼손이 있지는 않은가?

목회를 하면서 순간순간 놀라게 되는 것은 내 안의 삼손을 발견할 때다. 주를 위해 목회를 한다고 하지만, 그래도 이왕이면 성공적인 목회를 하고 싶고, 주를 위해 교회를 섬기지만 그래도 이왕이면 큰 교회를 섬기고 싶다. 내가 열심을 내는 것은 주를 위한 것일까, 아니면 나를 위한 것일까? 밤잠 설쳐가며 설교를 준비하는 것은 주를 위한 것일까, 아니면 사람들의 칭찬을 얻기 위한 것일까?

교회를 개척하고 몇 년이 흘렀을 때다. 곧 사람들이 몰려올 것이라는 기대와는 달리 교회 성장은 더뎠다. 1년이 지나도 여전히 상가 건물 교회, 2년이 지나도 여전히 상가 건물 교회, 3년이 지나도 여전히 그 교회…. 점점 위축되기 시작했다. 그때 아는 목사님에게서 연락이 왔다. 유명한 큰 교회 목사님께서 나에 대해 들으시고는, 멘토가 되어주고 싶으니 찾아오라는 것이었다. 내 안에 숨겨진 '삼손의 귀'가 번쩍 뜨였다.

'드디어 내게도 기회가 왔구나! 목회도 역시 줄을 잘 서야 해!'

내 안의 삼손이 이야기했다.

'기회를 이용해. 너도 성공할 수 있어. 이름을 알리고 교회를 키우

려면 더 없는 기회야. 교회가 성장하는 것이 주님의 뜻이잖아?'

삼손의 이야기는 나를 헷갈리게 했다. 내가 지금 주의 일을 하려는 것인지, 줄을 잘 서려는 것인지 스스로도 혼란스러웠다.

하나님께서 물으셨다.

"너는 성공하고 싶어서 목회를 시작한 거냐, 아니면 주의 일을 하려고 시작한 거냐?"

정곡을 찌르셨다! 씨름이 오래도록 계속되었다.

"그래도 하나님, 교회가 부흥하는 것은 좋은 것 아닌가요? 나도 누군가 멘토가 필요하다고요! 멘토가 없는 것이 좋은 것은 아니지 않습니까?"

내 안에서 삼손이 항변했다.

"멘토가 필요 없다는 뜻이 아니라 네가 진짜 원하는 것이 무엇이냐는 것이다. 성공이냐, 아니면 충성이냐?"

하나님과의 씨름이 며칠간 계속되었다. 삼손은 녹록하지 않았다. 그러나 감사하게도 하나님은 삼손보다 더 집요하셨다. 결국 하나님께 항복했다.

"주님 원하시는 대로 하십시오! 찾아가지 않겠습니다."

결국 소개해주신 분에게 죄송하게도, 찾아뵙지 못했다. 주께서 말씀하셨다. 주께서 찾으시는 사람은 슈퍼스타 삼손이 아니라 무익한 종이라고.

이와 같이 너희도 명령받은 것을 다 행한 후에 이르기를 우리는 무익

한 종이라 우리가 하여야 할 일을 한 것뿐이라 할지니라 눅 17:10

그날 나는 내 안에 있는 삼손을 똑똑히 목격했다. 맞다. 내 안에
는 삼손이 있었다. 그리고 지금도 있다. 죽은 것 같다가도 조금만
틈을 보이면 바로 부활하여 고개를 쳐드는 존재. 하나님나라를 위
해 싸우는 영웅이지만 동시에 들릴라를 취하는 망나니. 나는 무익
한 종인가, 아니면 슈퍼스타를 꿈꾸는 삼손인가? 아! 내 안에 삼손
이 있다! 조심하라. 당신 안에도 웅크리고 있는 삼손이 있을지 모르
니까. 삼손과의 싸움은 길고 힘겨운 싸움이다. 삼손은 워낙 장사이
지 않은가! 슈퍼스타 삼손을 무익한 종으로 무릎 꿇리지 않는다면,
조심하라. 이어지는 삼손이 이야기가 당신의 이야기가 될 수도 있으
니까.

방법의 혼합

삼손의 이야기를 더 따라가보자. 목적이 혼합되면 반드시 따라오
는 것이 있는데, 그것은 '방법의 혼합'이다.

15 삼손이 나귀의 새 턱뼈를 보고 손을 내밀어 집어 들고 그것으로 천

명을 죽이고 16 이르되 나귀의 턱뼈로 한 더미, 두 더미를 쌓았음이여

나귀의 턱뼈로 내가 천 명을 죽였도다 하니라 삿 15:15,16

삼손이 나귀의 턱뼈로 적군 천 명을 죽인다. 얼핏 보면 별 문제없어 보인다. 적군을 죽였으면 되는 것 아닌가? 그런데 문제는 삼손이 나실인이었다는 것이다. 죽은 뼈를 만지는 것이 금지되어 있었다.

"목사님, 그래도 나귀 턱뼈는 블레셋 사람들과 싸울 수 있도록 하나님께서 주신 은혜의 선물로 봐야 하는 거 아닙니까?"

음, 글쎄…. 한 가지 확실한 것은 하나님께서는 목적을 이루기 위해 방법을 타협하지 않으신다는 것이다. 사울이 사무엘을 기다리지 않고 스스로 제사를 드렸다가 하나님께 버림받은 사건을 생각해보라. 제사는 레위인만이 드릴 수 있다고 하나님이 정하셨지만, 사울은 생각이 조금 달랐다. 전쟁에서 이기는 것이 중요하기 때문에 방법은 조금 융통성이 있어도 된다고 생각했다. 목적이 방법을 정당화시켜버렸다!

삼손뿐 아니라 목적이 혼합된 사람들에게 나타나는 현상이 방법의 혼합이다. 나는 심지어 선교 헌금을 하겠다고 룸살롱을 연 집사님을 본 적이 있다. 이분에게 정말 선교가 비즈니스의 목적이었을까? 글쎄, 헷갈린다. 헷갈림은 혼합 신앙의 특징이다. 목적이 순전한 사람, 백 퍼센트 하나님의 일이 목적인 사람은 방법을 섞을 필요가 없다. 사용하지 말아야 할 방법을 사용한다는 것은 나의 욕심이 있기 때문이다.

삼손의 삶은 정말 헷갈린다.

"목사님, 그러면 삼손이 나귀 턱뼈로 블레셋 사람을 죽인 건 죄네요?"

글쎄, 죄라고까지 말하기는 뭣하고… .

"그럼 잘한 거네요?"

잘한 거라고 말하기도 뭣하고…. 이것이 혼합 신앙의 특징이다.

"죄입니까?"

"글쎄요. 죄라고까지 말하기는….".

"그러면 잘한 겁니까?"

"글쎄요. 잘했다고 말하기도 좀….".

이것이 삼손을 따라다녔던 평가다. 당신은 어떤가?

"맞습니다! 그건 백 퍼센트 잘한 겁니다!"

흑백이 명확한가? 아니면 "글쎄요…. 죄는 아니지만… 그렇다고 잘했다고 말하기는 좀….". 혹시 이것이 우리의 모습 아닌가? 그렇다면 두려워해야 한다. 마지막 세 번째 혼합이 우리를 기다리고 있기 때문이다.

결과의 혼합

세 번째는 '결과(데스티니)의 혼합'이다. 목적과 방법이 혼합된 사람은 그 인생의 결과 역시 혼합의 열매로 거두게 된다.

삼손이 이르되 블레셋 사람과 함께 죽기를 원하노라 하고 힘을 다하여 몸을 굽히매 그 집이 곧 무너져 그 안에 있는 모든 방백들과 온 백성에게 덮이니 삼손이 죽을 때에 죽인 자가 살았을 때에 죽인 자보다 더욱 많았더라 삿 16:30

결국 삼손은 블레셋 사람들과 함께 죽었다. 삼손 인생의 결론은 적군의 조롱거리가 되고 치욕을 당한 것과 엄청난 적군을 한꺼번에 죽인 것이 공존한다. 하여간 혼잡하다.

다른 어떤 사사도 적군의 포로가 되거나 조롱당한 사람은 없다. 그런데 또 어떤 사사도 한 사람이 이렇게 많은 적군을 무찌른 예도 없다. 그런데 또 그 일로 적군뿐 아니라 자신도 죽는다. 이것을 승리라고 해야 하는지, 비극이라고 해야 하는지…. 결과의 혼합이다.

장례식장에서 가장 곤혹스러울 때가 이런 때다. "이분은 하나님의 사람입니다"라고 말하기도 뭣하고, 그렇다고 아니라고 말하기도 뭣하고…. 이것이 혼합 신앙의 마지막 모습이다. 인생의 마지막에 당신은 어떤 열매를 거두기 원하는가? 그것은 지금 당신이 어떤 씨앗을 심느냐에 달려 있다. '혼합된 목적'의 씨앗을 심는 사람은, '혼합된 방법'의 나무를 통해, '혼합된 결과'의 열매를 거두게 될 것이다. 하나님의 큰 역사를 볼 수 있을지는 몰라도, 나도 그 가운데 함께 멸망하는….

삼손을 무찌르라

그렇다면 어떻게 혼합된 데스티니가 아닌 순전한 데스티니를 이룰 수 있을까?

첫째, 삼손과 씨름하라. 가장 중요한 것은 동기다. 동기가 백 퍼센트 순수해야 한다. 주의 일을 할 때는 사심이 없어야 한다. 당신이 하는 그 일, 하려고 계획하는 그 계획은 정말 주를 위한 일인가? 나의 욕심이나 야망이 함께 섞여 있지는 않은가? 찜찜함이 있다면, 시작하기 전에 한 번만 더 생각하자. 조금만 더 기도하자. 기도의 자리에서 하는 씨름이 곧 동기의 순수함을 얻어가는 과정이다. 무릎을 꿇고 싸우는, '내 안의 삼손'과의 씨름! 이 씨름을 너무 쉽게 생각하지 말라. 앞서 이야기했지만, 삼손은 강하다. 그리고 집요하다.

오늘날 많은 크리스천이 삼손과의 씨름을 너무 쉽게 건너뛰고 "무엇을 할까 또는 무엇을 하지 말까"에만 몰두한다. 그 결과 내 안에 굴복되지 않은 삼손이 열매를 맺는다. 혼합의 열매다. 대단한 사역을 하는 것 같기는 한데 그 안에 야망도 함께 보인다. 뭔가 대단한 성령의 역사가 있는 것 같아도 마음은 오히려 점점 무너져간다. 내 안에 삼손을 그냥 놓아둔 결과다. 삼손과 먼저 씨름하라.

"내가 이 일을 하려는 동기는 순수한가?"

이 씨름에서 이긴 사람은 그다음 싸움을 쉽게 이길 수 있다. 그러나 이 첫 싸움, 삼손과의 씨름을 가볍게 넘어간 사람은 그다음 싸움에서 결코 이길 수 없다.

마음을 지켜라. 동기의 순수함을 위해 끊임없이 기도하라. 나를 순전하게 해달라고 구하라. 정결케 하는 불을 보내서서 나를 정결케 해달라고 요청하라. 지킬 만한 것 중에 무엇보다 마음을 지키라. 기억하라. 당신 안의 삼손을 먼저 결박해야 한다.

둘째, 주의 일을 할 때 그분의 인도하심과 도우심에 의지하라. 우리는 혼자 힘으로는 하루도 살 수 없는 존재다. 삼손과 같은 용사도 혼자 힘으로는 승리할 수 없었다. 영적인 거인은 없다. 자신이 영적 거인이라고 생각하는 사람은 사실은 거인이 아니라 삼손이다. 스스로의 힘을 과신했던 사사. 그래서 적군을 죽이기는 했지만 자기도 함께 죽어야 했던 사람.

하나님의 도우심을 구하라.

"주님, 도와주십시오! 나는 말씀에 순종할 수 있는 존재도 아니고, 마음을 지킬 수 있는 존재는 더욱 아닙니다. 도와주십시오! 주님의 도우심이 절대적으로 필요합니다!"

이 기도가 있어야 한다. 내 능력으로 해치우려는 유혹을 넘어서라. 느리고 더뎌 보여도 기도로 일하는 것을 배우라. 먼 길을 돌아가는 것 같아도 말씀 안에서 일하는 것을 배우라. 주님의 도우심을 의지하는 이 거룩한 습관이 형성되어야 한다. 이 씨앗을 심으라.

셋째, 결과에 연연하지 말라. 동기와 방법에 성공했다면 이미 성공한 것이지, 결과가 성공을 증명하는 것이 아니다. 결과에 대해 눈감기를 연습하라. 의도적으로 결과를 무시하라. 마지막 하나님의 심판대 앞에서 성공과 실패의 기준은 우리 마음이지, 겉으로 드러난 결과들이 아니다.

내가 전심으로 하나님을 사랑하기에 순전한 마음으로 순종했다면, 이미 당신은 성공한 것이다. 삼손처럼 수천 명의 적군을 물리치지 않아도 이미 당신은 성공했다. 오늘날 기독교의 타락은 '보이지 않는 것'과 '보이는 것'의 싸움에서 패했기 때문이다. 우리가 믿는 하나님은 보이지 않는 하나님이시지, 보이는 금송아지가 아니다. 우리가 믿는 하나님의 나라는 보이지 않는 영원한 나라이지, 보이는 이 땅의 나라가 아니다. 그렇기에 우리가 믿는 하나님나라의 열매는 보이지 않는 우리의 마음이지, 보이는 삶의 결과들이 아니다. 우리의 싸움은 혈과 육에 속한 것이 아니라 영에 속한 영적 전쟁이다. 이 보이는 것과 보이지 않는 것의 전쟁에서 승리할 때, 당신은 빛나는 데스티니에 이르게 될 것이다.

오늘도 삼손과 싸우고 있을 당신을 응원한다. 파이팅!

PART 4

순종

유능한 데스티니 항해사

OBEDIENCE

순종은 데스티니를 이루어가는 핵심적인 요소다. 데스티니는 하나님의 계획이다. 계획을 세운 분을 따를 때 그 계획이 이루어지는 것은 당연하지 않은가! 순종의 능력을 가볍게 여기지 말라.

배의 방향을 결정하는 것은 바람이 아니라 돛이다. 항해하다 보면 꼭 순풍만 불지는 않는다. 어떤 때는 반대로 부는 역풍을 맞기도 하고, 때로는 좌우로 심하게 비켜 부는 바람으로 인해 배가 항로에서 어긋나기도 한다. 데스티니의 여정도 이와 같다. 생각지 못했던 인생의 역풍을 맞아 데스티니가 멈춰지기도 하고, 좌우로 비켜 부는 바람 때문에 원래 항로에서 벗어나기도 한다. 내가 아는 한 목사님은 암으로 건강을 잃었다. 이 예기치 못한 "역풍"은 그의 항해를 멈추게 하는 듯이 보였다. 또 어떤 사업가는 경기 둔화로 사업이 어려워지자 다른 출구를 모색해야 했다. 방향을 바꾸게 하는 "비켜 부는 바람"이다.

사람들은 "바람"이 인생의 항로를 결정한다고 믿는다. 그런데 놀라운 것은, 배의 방향을 결정하는 것이 사실은 바람이 아니라 돛이라는 사실이다. 유능한 항해사는 바람에 따라 돛을 이리저리 돌려 배를 원래의 항로에서 벗어나지 않게 하고, 벗어난 배라도 원래 항로로 돌아오게 만든다.

순종이 마치 이와 같다. 유능한 데스티니의 항해사는, 인생의 매서운 바람 속에서도 순종을 통해 데스티니를 항로에서 벗어나지 않게 한다. 때로 항로를 벗어나더라도 순종을 통해 원래 항로로 돌아오게 한다. 순종은 데스티니의 방향을 결정하는 돛이다.

노아는 날씨가 화창한 날에도 배를 만들었다. 그런 날이면 사람들의 조롱은 더욱 커졌다.

"노아는 미쳤어. 하늘을 봐. 이 화창한 날씨에 비가 온다고? 그것도 저런 무지막지한 배가 필요한 홍수가 난다고?"

조롱과 핍박 속에서 노아가 했던 일은 "순종"이었다. 왜 배를 만드느냐고? 만들라고 하셨으니까! 그것뿐이다. 하나님께서 말씀하셨으니, 그저 순종할 뿐이다. 노아의 이 우직한 순종이 결국 인류를 구원했다! 기억하라. 순종은 당신의 데스티니를 구원한다.

7

100퍼센트 준행함 - 노아

13 하나님이 노아에게 이르시되 모든 혈육 있는 자의 포악함이 땅에 가득하므로 그 끝 날이 내 앞에 이르렀으니 내가 그들을 땅과 함께 멸하리라 14 너는 고페르 나무로 너를 위하여 방주를 만들되 그 안에 칸들을 막고 역청을 그 안팎에 칠하라 15 네가 만들 방주는 이러하니 그 길이는 삼백 규빗, 너비는 오십 규빗, 높이는 삼십 규빗이라 16 거기에 창을 내되 위에서부터 한 규빗에 내고 그 문은 옆으로 내고 상 중 하 삼층으로 할지니라 17 내가 홍수를 땅에 일으켜 무릇 생명의 기운이 있는 모든 육체를 천하에서 멸절하리니 땅에 있는 것들이 다 죽으리라 18 그러나 너와는 내가 내 언약을 세우리니 너는 네 아들들과 네 아내와 네 며느리들과 함께 그 방주로 들어가고 19 혈육 있는 모든 생물을 너는 각기 암수 한 쌍씩 방주로 이끌어들여 너와 함께 생명을 보존하게 하되 20 새가 그 종류대로, 가축이 그 종류대로, 땅에 기는 모든 것이 그 종류대로 각기 둘씩 네게로 나아오리

니 그 생명을 보존하게 하라 **21** 너는 먹을 모든 양식을 네게로 가져다가 저축하라 이것이 너와 그들의 먹을 것이 되리라 **22** 노아가 그와 같이 하여 하나님이 자기에게 명하신 대로 다 준행하였더라 창 6:13-22

흔들리는 데스티니, 구원이 필요하다

노아에게 물었다.

"당신의 데스티니를 이루는 데 있어서 가장 중요한 것은 무엇이었습니까?"

"당연히 순종이지! 배를 만들라는 하나님의 말씀에 순종하지 않았다면 데스티니고 뭐고 없었을 거요. 청년, 그대도 데스티니를 이루길 원한다면 순종하시오. 비록 그것이 축구장만 한 배를 만드는 것이라 해도 말이오!"

노아의 데스티니를 두 단어로 요약한다면 그것은 '순종'과 '구원'이다. 순종을 통해 구원에 이르는 것을 실증하는 것이 노아의 데스티니였다. 하나님을 떠난 인간의 데스티니 속에는 구원이라는 하나님의 계획이 있다. 하나님을 떠난 인간은 하나님이 주신 데스티니가 아닌 인생의 다른 목적을 추구한다. 다른 목적이라고 해봐야 특별할 것도 없다. 시대마다 또 사람마다 조금씩 다르게 표현되기는 하지만, 그 본질은 결국 돈 많이 벌고, 힘 있는 자리(성공한 자리)에 앉아 예쁜 아내(또는 아내들)를 얻어 자랑하며 사는 것이다. 성경은 이것을 "육신의 정욕, 안목의 정욕, 이생의 자랑"이라고 했다.

> 이는 세상에 있는 모든 것이 육신의 정욕과 안목의 정욕과 이생의 자
> 랑이니 다 아버지께로부터 온 것이 아니요 세상으로부터 온 것이라
>
> 요일 2:16

이 "별로 특별할 것도 없는 다른 목적"은 오랜 세월을 거치며 어느덧 모든 사람들에게 당연한 것으로 자리 잡게 되었다. '당연하다'라는 말에 주목하라. 사람에게는 같이 뛰는 습성이 있다. 사람들이 어딘가를 향해 '우르르' 달려가면 나도 함께 달려야 한다는 압박을 느낀다. 왜 달리는지, 그곳에 가면 무엇이 있는지 묻기 전에 일단 같이

달리고 본다. 달리지 않으면 불안하기 때문이다. 누군가 외친다.

"바로 저기다! 저기 가면 행복이 있다!"

그리고 환한 웃음으로 가장 행복한 표정을 지어 보인다. 그러면 행복한 표정을 본 사람들이 달리기 시작한다. 너도 달리고 나도 달리고, 결국 모든 사람이 우르르 달린다. 간혹 "그곳에 가면 무엇이 있나요?", "왜 그리로 가야 하나요?" 하고 묻는 이가 있지만, 돌아오는 것은 핀잔뿐이다.

"뭐 그런 걸 물어? 당연한 거 아니야? 일단 뛰어. 뛰면서 생각해."

열심히 달린다. 또 어떤 이가 소리친다.

"어? 거기가 아니야. 아! 여기다. 여기 있다!"

그러면 이번에는 다시 그 방향으로 우르르 달리기 시작한다. 그곳에 정말 행복이 있는지 생각할 겨를도 없다. '당연한 것'은 정말 당연한 것일까, 아니면 우르르 달리는 것을 당연하다고 느끼는 것일까? 많은 경우 다함께 달리는 이 '우르르'가 강력한 바람이 되어 우리의 데스티니를 항로에서 벗어나게 한다. 데스티니에 구원이 필요한 이유다.

다르게 살아야 한다

하나님께서 어느 날 노아에게 배를 만들라고 하셨다. 작은 배 한

척 만드는 것쯤이야 쉽게 순종할 수 있다. 하지만 이건 그런 차원의 문제가 아니었다. 하나님이 만들라고 하신 배는 웬만한 축구장보다 더 컸다. 세상에! 이런 거대한 배를 만든다고 하면 모두 미쳤다고 할 것이다. 숨어서 만들 수도 없고 말이다. 이 배를 만들려면 적어도 '우르르' 달리는 곳에서는 빠져 나와야 한다.

노아의 데스티니가 우리에게 들려주는 메시지는, 사람들이 우르르 달려간다고 해서 생각 없이 따라가지 말라는 것이다. 노아는 사람들이 당연하다고 여기는 삶을 따라가는 대신, 하나님과 동행하는 길을 선택했다. 육지 한가운데 축구장보다 더 큰 배를 만들면서 말이다. 그리고 이 순종은 노아의 데스티니를 구원했다. '우르르'라고 하는 바람에 휩쓸려갈 뻔한 그의 데스티니를. 그렇다. 순종은 데스티니를 구원한다. 노아의 데스티니뿐 아니라 당신의 데스티니도….

노아가 살던 시대에 대해 성경은 이렇게 말씀한다.

> 5 여호와께서 사람의 죄악이 세상에 가득함과 그의 마음으로 생각하는 모든 계획이 항상 악할 뿐임을 보시고 6 땅 위에 사람 지으셨음을 한탄하사 마음에 근심하시고 창 6:5,6

노아가 살던 시대에 죄악이 얼마나 가득했는지 아무도 하나님의 법을 따르지 않았다. 사람들은 모두 하나님의 계획과는 '다른 목적'을 향해 '우르르'라는 열차를 타고 달리고 있었다. 부와 권력과 정욕이라는 '또 다른 인생의 목적'을 향해. 그런데 한 사람, 딱 한 사람이 이 '우르르 열차'에서 빠져나온다. 그리고 하나님의 말씀에 순종하여 평생에 걸쳐 큰 배를 만들기 시작한다. 노아는 죄가 가득한 세상 속에 살면서도 사람들을 따라 뛰지 않았다.

하나님이 주신 데스티니는 사람들이 우르르 몰려가는 길과는 다른 길이다. 사람들이 모두 뛴다고 당신도 뛰지 말라. 물론 쉽지 않은 일이다. 노아도 쉽지 않았을 것이다. 사람들이 모두 우르르 달리고 있는데, 혼자서 생뚱맞게 배를 만들고 있었으니 말이다. 그것도 육지 한 가운데서 축구장만 한 배를…. 결코 쉬운 일이 아니었다. 이것이 쉬운 일이었다면 노아의 때에도 많은 사람이 구원을 받았을 것이다. 홍수로 멸망당한 사람들에게도 모두 하나님이 주신 데스티니가 있었다. 그리고 물론 이들의 데스티니는 홍수에 쓸려 죽는 것이 아니었다. 하나님은 모든 사람이 노아와 같이 구원 얻기를 원하셨다.

> 하나님은 모든 사람이 구원을 받으며 진리를 아는 데에 이르기를 원하
> 시느니라 딤전 2:4

그러나 불행하게도 이 구원의 데스티니를 이룬 사람은 노아 한 사람뿐이었다. 하나님께 순종함으로 세상과 다르게 산 사람이 노아 한 사람뿐이었기 때문이다. 노아 때만의 이야기가 아니다. 오늘날

도 세상과 다르게 살지 못함으로 얼마나 많은 사람들의 데스티니가 파괴되는지 모른다.

술값은 대표님이 내십시오

예수 안에서 형제처럼 지내는 김무열 선교사는 강남에서 비즈니스를 하는 사업가다. 알코올중독이었던 그는 극적으로 예수를 만나 거듭나게 되었다. 다시는 술을 쳐다보지도 않겠다고 서원하고 신앙생활을 시작했다. 그리고 얼마 후 주님의 은혜로 강남에 조그마한 숍을 시작했다. 모든 비즈니스가 그렇듯, 정상 궤도에 올라서는 것은 쉽지 않았다. 그러던 어느 날 크고 영향력 있는 회사의 대표가 숍을 찾아왔다. 김무열 형제의 비즈니스를 흥하게도, 반대로 문 닫게도 할 수 있는 막강한 영향력을 가진 회사였다. 감사하게도 그를 기특하게 본 대표는 숍의 단골손님이 되었다. 단골이 된 대표가 애정을 한국식(?)으로 표현했다. 술 한번 사!

"이 정도로 매출을 올려줬으면, 술 한번 사야 하는 거 아니야?"

"대표님, 저는 크리스천이고 술을 안 마십니다. 죄송합니다."

"그래? 크리스천들도 일하다보면 다들 술 한 잔씩 하던데?"

"죄송합니다만, 저는 술을 하지 않습니다."

"그럼 술이 아니라도 밥은 한번 살 수 있는 거 아니야? 밥이라도 한번 사!"

밥을 먹다보면 어느새 술자리까지 가게 될 것 같은 불안함이 있었지만, 더 이상 거절하기는 어려웠다.

"예. 밥은 제가 한번 대접할게요!"

결국 얼마 후 밥을 먹으러 갔다. 그런데 아뿔싸! 자리에 앉은 대표가 소주부터 시켰다!

"아주머니, 여기 소주 한 병 주세요!"

"대표님, 제가 술 안 마시는 거 아시잖아요?"

"어? 걱정 마. 나만 마실 거야."

좌불안석…. '이 사람에게 찍히면 비즈니스 문 닫아야 할지도 모르는데…' 밥이 입으로 넘어가는지 코로 넘어가는지 모르게 식사를 마쳤다. 식사를 마치자마자 김무열 형제는 자리에서 일어나 겸손하게 90도로 인사를 하고는 "대표님, 밥값은 제가 계산하고 나가겠습니다. 술값은 대표님이 내고 나오십시오. 저는 밥 산다고 했지 술 산다고는 하지 않았습니다." 그리고 대표가 대답할 시간도 주지 않고, 곧바로 돌아서서 계산대로 갔다.

"아주머니, 밥값만 계산해주십시오. 소줏값 3천 원은 저분이 내실 겁니다."

어안이 벙벙해서 앉아 있던 대표는 허허 웃으며 계산대로 왔다.

"이놈, 진짜네…."

대표가 이야기했다.

"내가 술 마시자고 했는데 거절한 사람은 네가 처음이다. 교회를 다니든 안 다니든 한 사람도 거절한 사람이 없었다. 오히려 나랑 술자리를 못 만들어서 안달들이지. 너 멋있다!"

그리고 적극적으로 그의 사업을 도와주기 시작했다. 그 대표의 도움이 처음 사업을 시작하는 그에게 큰 힘이 되었다.

세월이 흘러 김무열 선교사는 중년이 되었고, 그의 사업은 날로 번창하여 강남에서 제법 큰 규모의 비즈니스가 되었다. 세상과 다르게 산 것이 그의 데스티니를 구원했다.

'우르르 열차'에서 내려라

당신의 데스티니는 어떤가? 혹시 사람들을 좇아 우르르 달리고 있지는 않은가? 그렇다면 그 '우르르 열차'에서 당장 내려라. 그 열차는 당신을 데스티니로 인도하지 않는다. 아무도 그렇게 하지 않는다고? 그래서 내리라는 것이다. 데스티니는 세상과 다르게 살 때 이루어지기 때문이다.

나도 사람들을 좇아 '우르르' 달렸었다. 사람들이 일등을 해야 한다고 우르르 달려서 나도 일등을 향해 달렸고, 서울대에 들어가야 한다고 우르르 달려서 나도 서울대에 들어가려고 달렸다. 국비유학생이 되면 외국에서 편하게 공부할 수 있다기에 그곳을 향해 다시 우르르 달렸고, 석사장교 시험에 합격하면 군복무를 6개월만 하면 된다고 해서 또 그곳을 향해 달렸다. 사람들이 박사가 되고 교수가 되는 것이 성공하는 길이라고 하기에 또 그곳을 향해 우르르 달렸다. 내 인생은 그렇게 '우르르 열차'에 실려 있었다.

미국에서 박사 과정을 마쳤을 때 내 영혼은 이미 '우르르'에 지쳐 있었다. 그리고 그곳에서 하나님께서 말씀하셨다.

"그만 달려!"

'우르르 열차'에서 내려야 한다는 것은 알았다. 하지만 거기서 내리는 것은 쉽지 않은 일이었다. 두려웠다. '이 열차에서 내리면 나는 어떻게 되는 거지?' 사람들이 말렸다. "정신 차려! 수학 박사 학위를 받고 나서 목회라니! 아무도 너처럼 살지 않아!", "지금까지 공부한 것이 아깝지도 않니?", "교수로도 하나님을 섬길 수 있는데, 왜 포기하려고 해?"

나는 수많은 불면의 밤을 보내야 했다. 두려웠기 때문이다. 전임 사역자의 길을 가겠노라 마지막 결정을 내리던 날 밤을 나는 지금도 잊지 못한다. 한잠도 자지 못했으니까. 그리고 감사하게도 그 새벽에 나는 '우르르 열차'에서 내렸다. 다르게 사는 길에 들어선 것이다. 모든 것이 낯설고 미숙했지만, 거기에는 전에 누릴 수 없었던 자유와 기쁨이 있었다. 그 길이 혼자 걷는 길이 아니라 하나님과 함께 걷는 길이었기 때문이다. 사람들은 '우르르 열차'에서 내리면 혼자 외톨이가 된다고 생각하지만 그렇지 않다. '우르르 열차'에서 내리면 정거장에서 기다리는 분이 계시다. 그렇다, 바로 그분, 하나님! 그리고 그곳에서 공장에서 찍어낸 듯 모두 똑같은 곳을 향해 달리는 '우

르르 데스티니'가 아닌, 나만을 위한 여정, 하나님과 함께 걷는 여정
이 시작된다. '우르르 열차'에서 내린 그 새벽 이후, 나는 지금도 그
길을 걷고 있다. 하나님과 함께.

순종은 지혜로운 선택이다

세상과 다르게 산다는 것은 단순히 튀라는 이야기가 아니다. 성
경은 노아에 대해 이렇게 이야기한다.

> 이것이 노아의 족보니라 노아는 의인이요 당대에 완전한 자라 그는 하
> 나님과 동행하였으며 창 6:9

노아는 하나님과 동행했다. 사람들을 좇아 우르르 달리는 대신,
하나님과 함께 걷는 길을 선택했다. 이것이 다르게 사는 것이다. 하
나님과 함께 걷는다는 것은 하나님이 "이리로 가자" 하시면 이리로
가고, "저리로 가자" 하시면 저리로 가는 것이다. 향방 없이 사람들
이 이리로 뛰면 이리로 우르르, 저리로 뛰면 저리로 우르르 하지 않
는 것이다. 하나님과 동행하는 사람은 어디로 가야 하고 어디로 뛰
어야 하는지를 명확히 안다. 그래서 달리기를 향방 없이 하지 않는
다. 바울은 이렇게 이야기한다.

> 그러므로 나는 달음질하기를 향방 없는 것같이 아니하고 싸우기를 허공을 치는 것같이 아니하며 고전 9:26

노아에게는 사람들을 따라 뛰지 않는다는 것에 대한 불안함보다, 하나님이 주신 평안이 더 컸다. 노아는 세상을 창조하신 분, 이 세상의 주인이신 그 하나님께서 나를 어디로 가라고 하시는지에 더 관심이 있었다. 그것이 지혜로운 길이기 때문이다. 생각해보라. 내가 어디로 가야 할지 아시는 분은 나를 만드신 하나님이시지, 어디로 가는지도 모르면서 그저 남들 따라 우르르 뛰고 있는 저 사람들이겠는가? 순종은 사람들을 따라 뛰는 대신 하나님과 함께 걷는 것이다. 그래서 순종은 미련한 짓이 아니라 가장 지혜로운 선택이다.

열차에서 내렸다고 당신의 데스티니가 저절로 모두 이루어지는 것은 아니다. '우르르 열차'에서 내리는 것은 굉장한 결단이며 헌신이다. 그물을 버려두고 예수님을 따라 나섰던 베드로만큼이나 박수 받을 만한 일이다. 그런데 열차에서 내리는 많은 사람이 착각하는 것이 있다. 열차에서 내린 그곳이 데스티니의 종착점이라고 생각하는 것이다. 아니, 그곳은 종착점이 아니다. '우르르 열차'에서 내린 곳은 하나님과 동행하는 새로운 여정이 시작되는 곳이지, 데스티니 여정의 종착점이 아니다. 그렇기에 당신은 이제 하나님과 동행하는 이 새로운 여정에 대해 배우고 적응해야 한다.

다 준행하였더라

듣고 그대로 준행하라

1992년, 나는 아내와 동행하는 긴 여정을 시작했다. 그런데 결혼 초창기에 나는 미성숙했다. '아내와 동행하는 여정'을 어떻게 해야 하는지 전혀 몰랐다. 내가 좋아하는 것을 아내도 당연히 좋아할 것이라고 믿었고, 나의 결정에 아내가 언제나 동의해줄 거라고 생각했다. 이 미련한 생각이 많은 갈등을 일으켰다. 수많은 시행착오 끝에 깨닫게 된 것은 아내와 동행하기 위해서는 아내의 생각을 먼저 '들어야' 한다는 것이었다.

하나님과 동행하는 여정에서 당신에게 반드시 필요한 것도 이것이다. 당신이 좋아하는 것을 하나님도 당연히 좋아하실 것이라는 미련한 생각을 내려놓아라. 당신의 결정에 하나님도 언제나 동의하실 것이라는 착각도 내려놓아라. 당신이 해야 할 일은 먼저 그분의 생각을 듣는 것이다. 어떻게? 성경! 그렇다. 하나님의 말씀인 성경을 통해서.

> 그러므로 믿음은 들음에서 나며 들음은 그리스도의 말씀으로 말미암았
>
> 느니라 롬 10:17

믿음은 들음에서 난다. '믿음'은 동행을 위한 필수 조건이다. 신뢰

하지 못하는 사람과 동행할 수는 없지 않은가? 이 믿음은 들음에서 나며, 들음은 그리스도의 말씀(성경)으로 말미암는다. 하나님과 동행하는 것은 성경에서 '듣는' 것으로부터 시작된다.

그런데 성경에서 듣는 것보다 더 중요한 것이 있다. 들은 것에 '순종하는' 것이다. 성경은 신비한 책이다. 우리의 삶을 인도한다. 성경은 그 말씀에 순종하는 사람의 삶을 그들의 데스티니로 정확하게 인도한다. 그런 의미에서 성경은 '이해'를 요구하는 책이 아니라 '순종'을 요구하는 책이다.

하나님께서 노아에게 말씀하셨다. "방주의 길이는 삼백 규빗으로 하고 너비는 오십 규빗으로 해라. 높이는 삼십 규빗으로 하고 재료는 고페르 나무를 써라. 총 삼층으로 짓고 위에는 창문을 내야 한다. 동물들을 암수 두 쌍씩 모아 방주에 태우되 제사에 사용할 동물은 일곱 쌍씩 태워라. 먹을 것을 충분히 준비해라…" 하여간 많이 말씀하셨다. 노아가 이 말씀을 모두 들었다. 그리고 이 모든 말씀을 다 준행하였다!

> 노아가 그와 같이 하여 하나님이 자기에게 명하신 대로 다 준행하였더라 창 6:22

"다 준행하였더라", 노아는 하나님이 명하신 것을 하나도 빠뜨리지 않고 다 준행하였다. 노아의 여정을 그의 데스티니로 이끈 것은 이 '다 준행함'이었다. 노아는 끝까지 순종했다.

끝까지 준행하라

하나님과의 여정을 처음 시작할 때는 순종이 그리 어렵지 않다. 처음부터 순종하는 것이 싫다면, 그 사람은 구원을 의심해봐야 한다. 구원의 감격이 있는 사람에게 순종은 그리 어려운 일이 아니다. 그런데 문제는 처음이 아니라 끝이다. 다 준행하는가? 끝까지 순종하는가?

마라톤 시합을 보면 처음에는 모두 잘 달린다. 이때는 금메달을 딸 사람이나 중간에 포기할 사람이나 차이가 없다. 그런데 시간이 흐르면서 금메달을 따는 사람과 중간에 포기하는 사람의 격차가 점점 벌어진다. 그리고 금메달은 끝에 가서 판가름이 난다. 처음에 잘 달리는 사람이 아니라 끝까지 잘 달리는 사람, 이 사람이 결국 금메달을 딴다.

몇 년 전 건강 때문에 체중을 조절하려고 다이어트를 시작했다. 음식도 저울에 달아서 먹고, 채소 말고는 입에 대지도 않았다. 물론 운동도 열심히 했다. 처음에는 잘 진행되는 것 같아 보였다. 그런데 문제는 3개월 후였다. 효과가 좀 있다보니 마음이 처음 같지 않았다. 과자에도 손이 가기 시작하고, 음식도 대충 먹기 시작했다. 사람이 이렇다! 이렇게 해서는 '건강해지는 데스티니(?)에 이를 수 없다! 노아가 데스티니를 이룬 것은 "명령하신 대로 다 준행하였기" 때문이다.

상상해보라. 어떤 사람이 노아의 때에 노아에게 말씀하신 것과 같은 하나님의 말씀을 듣고 그도 배를 만들기 시작했다. 거의 다 만들었다. 그런데 배를 만들다보니, 비가 내릴 것 같지 않고, 오랜 세월 배만 만들고 있자니 지루하기도 해서 만들다 말았다. 거의 다 만들었는데, 마무리를 안 했다. 그럼 이 사람은 홍수가 났을 때 어떻게 되었을까? 마무리만 안 했을 뿐이니까 홍수가 봐주고 넘어갔을까? 90퍼센트는 했으니까 90퍼센트는 살고 10퍼센트만 죽었을까? 아니다. 90퍼센트나 10퍼센트나 다 죽었다.

노아의 데스티니가 이루어진 것은 다 준행하였기 때문이었다. 100퍼센트 준행하였기 때문이었다. 이것이 하나님과 동행하는 것이다. "100퍼센트 준행한다"라는 것이 율법을 의미하는 것은 아니다. 연약한 인간이 어떻게 하나도 실수 없이 하나님의 말씀을 다 준행할 수 있겠는가? 불가능하다. 우리는 실수할 수밖에 없는 연약한 존재다. 그렇기 때문에 100퍼센트란 '결과'가 아니라 '태도'를 의미한다.

대입 수능 시험을 보는 학생들을 생각해보자. 수능에서 만점을 맞는 것은 거의 불가능하다. 하지만 적어도 수능을 치르는 모든 학생들은 "100퍼센트 다 맞추겠다"는 태도를 가지고 임한다. 바로 이 태도를 말하는 것이다. 수능에서 만점을 맞는 결과로서의 100퍼센트는 불가능하지만, 최선을 다하겠다는 태도로서의 100퍼센트는 가능하다.

하나님께 100퍼센트 순종한다는 것은 태도를 의미한다. 그것은 "하나라도 실패하면 끝! 국물도 없다!"라는 율법적인 의미의 100퍼센트가 아니다. 비록 연약하고 실수할지라도, 적어도 우리 마음만은 하나님께 100퍼센트 순종하고 싶다는 '태도의 100퍼센트'를 의미한다. 이 순종의 태도가 우리를 데스티니로 이끌어줄 것이다!

준비하고 준행하라

노아가 순종에 대해 가르쳐주는 세 번째 교훈은 40일을 위한 40년이다. 노아가 몇 년 동안 방주를 만들었는지는 정확하지 않다. 어떤 이는 창세기 6장 3절을 근거로 120년이라 하고, 어떤 이는 그보다 짧았다고 한다. 정확한 기간이 얼마였는지는 모르지만 적어도 40년 이상 방주를 만들었던 것은 분명해 보인다. 다시 말해 노아는 40일간의 홍수를 대비하기 위해 40년 이상을 준비한 것이다! 데스티니가 이루어지기 위해서는 준비 기간이 필요하다.

모세도 40년간의 출애굽 과정을 위해 40년을 광야에서 준비해야 했고, 다윗도 왕위에 오르기까지 10년 이상의 준비 기간을 거쳤다. 우리를 향한 하나님의 계획은 어느 날 갑자기 이루어지는 것이 아니다. 준비의 기간이 반드시 필요하다. 열심히 공부하라. 말씀을 읽고 연구하라. 기도하라. 하나님의 말씀에 순종하기를 훈련하라.

작은 순종부터 훈련하라

특별히 작은 일에 매일매일 순종하기를 연습하라. 순종해야 하는 일이 모두 크고 중요한 것이 아닐 수도 있다. 방주를 만드는데 "창문은 옆으로 내라", "재료는 꼭 고페르 나무로 해라" 이런 소소한 말씀들이 있었다. 방주가 잘 뜨기만 하면 되지, 창문의 위치가 뭐 그리 중요할까? 만일 "창문을 꼭 그쪽으로 내야 합니까? 방주가 홍수 때 잘 떠 있으면 되지요! 창문은 그냥 앞으로 내렵니다" 그렇게 해서 창문을 옆으로 내지 않고 앞으로 냈다면 어떻게 되었을까? 글쎄, 혹시 홍수가 나서 바다가 난리를 칠 때, 하필이면 옆이 아니라 앞에서 큰 나무가 떠 내려와서 창문을 깨고 들어오지는 않았을까? 우리는 모른다. 하지만 하나님은 아신다! 그래서 그쪽이 아니라 이쪽에 창문을 내라고 하시는 것이다. 이 작은 순종이 사실은 대홍수를 대비하는 중요한 준비였다.

매일매일 요구되는 순종들은 뭐 그리 크고 대단한 것이 아닐 수 있다. 중요해 보이지 않을 수도 있다. 데스티니라는 거창한 단어와 비교해보면 특히 그렇다. "미워하지 마라", "그 돈으로 커피 사먹지 말고 어려운 형제를 도와줘라", "늦잠 자느라 지각해놓고 거짓말하지 마라" 뭐 이런 소소한 것들이다. 이런 작은 것들은 데스티니에 영향을 미칠 만큼 중요해 보이지 않는다. 그러나 기억하라. 사실은 이런 작은 순종들이 우리의 데스티니를 이루기 위한 준비라는 것을.

오래 걸리는 훈련들은 주로 우리의 성품과 가치관 그리고 감정에 관한 자잘한 것들이다. 누구에게나 친절하게 대하는 태도, 화가 나도 인내하고 참을 수 있는 성숙함, 삶을 절제할 수 있는 참을성, 돈보다 사람의 영혼을 소중하게 여기는 가치관, 용서하고 용서받을 수 있는 겸손, 무엇에든지 정직할 수 있는 용기…. 이런 것들을 훈련하는 데는 정말 오랜 시간이 필요하다. 한 번 배웠다고 하루아침에 이루어지지 않는다. 매일의 자잘한 일상 가운데 순종을 훈련하지 않으면 소유할 수 없는 것들이다.

그리고 이런 것들이 준비되지 않으면 우리의 데스티니는 만들어지지 않는다. 노아가 매일매일 창문을 만들고 문을 내는 이 작은 말씀들에 40년 이상을 순종했을 때, 그것이 쌓이고 쌓여 노아의 데스티니를 이루는 방주가 되었다. 당신의 방주도 마찬가지다. 오늘 무엇에 순종하고 있는가? 오늘 주신 말씀이 혹시 "직장에서 성질부리지 말라"는 것은 아닌가? '그까짓 거, 방주에 작은 못 하나 박는 것 같은데 뭐…' 혹시 이렇게 가볍게 생각하지는 않았는가? 기억하라. 그 못 하나가 홍수의 때에 생사를 결정할 수도 있다.

자, 이제 작은 못질을 시작하자. 그 못이 그 자리, 하나님이 말씀하신 바로 그 자리에 박힐 때, 당신의 데스티니 방주는 완전해질 것이다.

8

God is real - 모세

7 모세가 항상 장막을 취하여 진 밖에 쳐서 진과 멀리 떠나게 하고 회막이
라 이름하니 여호와를 앙모하는 자는 다 진 바깥 회막으로 나아가며 8 모
세가 회막으로 나아갈 때에는 백성이 다 일어나 자기 장막 문에 서서 모세
가 회막에 들어가기까지 바라보며 9 모세가 회막에 들어갈 때에 구름 기
둥이 내려 회막 문에 서며 여호와께서 모세와 말씀하시니 10 모든 백성이
회막 문에 구름 기둥이 서 있는 것을 보고 다 일어나 각기 장막 문에 서서
예배하며 11 사람이 자기의 친구와 이야기함같이 여호와께서는 모세와 대
면하여 말씀하시며 모세는 진으로 돌아오나 눈의 아들 젊은 수종자 여호
수아는 회막을 떠나지 아니하니라 출 33:7-11

모로 가도 서울만 가면 된다고? 아니다. 이것은 데스티니에는 적

용되지 않는 말이다. 데스티니를 발견하고 깨닫는 것 못지않게 중요한 것은 그것을 이루어가는 방법이다.

내가 사는 수원에서 서울에 가는 두 가지 방법은 경부고속도로를 타든지, 아니면 용서(용인-서울 간)고속도로를 타는 것이다. 두 길 모두 강남으로 연결된다. 일전에 강남에서 어떤 목사님과 약속이 있어 차를 몰고 나왔다. 목사님은 용서고속도로를 타고 오라고 말씀하셨지만, 깜박하고 경부고속도로를 탔다. 어느 고속도로를 타든 서울만 가면 되니까 뭐…. 그런데 아뿔싸! 길이 막히기 시작했다. 그 날 나는 약속 시간에 두 시간이나 늦어버렸다. 우리의 데스티니가 마치 이와 같다. 하나님께서 용서고속도로로 서울에 가라고 하셨으면 용서고속도로로 가야지, 경부고속도로로 가서는 데스티니가 이루어지지 않든지 늦춰지게 된다. 모세의 삶이 바로 '경부고속도로로 갔을 때' 그의 데스티니에 무슨 일이 벌어지는지를 보여준다. 나는 두 시간 늦었지만, 모세는 40년을 늦어버렸다. 자, 모세의 이야기를 시작해보자.

모세, 자신의 데스티니를 알다

모세의 가장 중요한 데스티니는 '출애굽'이다. 이스라엘 백성은 사백 년간 이집트(애굽)의 노예로 고통받고 있었다. 모세의 데스티니는 자신의 민족을 이집트에서 구원하여 약속의 땅으로 이끄는 민족의 지도자가 되는 것이었다.

'모세'라는 이름은 "건짐을 받다. 구원을 받다"라는 뜻이다. 이름 속에 데스티니가 있다고 믿었던 신실한 유대인들은 아이가 태어나면 하나님께 아이의 이름을 물었다. 평생 자신의 데스티니를 잊지 않고 기억하게 하기 위해서다. 이런 이유 때문인지 몰라도, 모세는 본능적으로 자신의 데스티니를 알고 있었다.

11 모세가 장성한 후에 한번은 자기 형제들에게 나가서 그들이 고되게 노동하는 것을 보더니 어떤 애굽 사람이 한 히브리 사람 곧 자기 형제를 치는 것을 본지라 12 좌우를 살펴 사람이 없음을 보고 그 애굽 사람을 쳐죽여 모래 속에 감추니라 출 2:11,12

모세는 바로의 궁궐에서 왕자들과 함께 자라면서도 자신이 히브리 사람인 것을 잊지 않았다. 민족의 구원자로 부름 받은 모세의 DNA 속에는 고통받는 자기 민족을 보았을 때, 그냥 넘어갈 수 없는 무언가가 있었다. 그리고 이것이 모세로 데스티니 여정을 시작하게 했다.

무엇을 보는가?

데스티니를 이루어가는 데 있어서 보는 것은 참 중요하다. 모세는 이집트에 있을 때 자기 민족의 비참한 상황을 보았고, 후에 호렙산 떨기나무 사이에서 불타는 하나님의 임재를 보았고, 광야에서 이스라엘을 인도하시는 하나님의 구름기둥과 불기둥을 보았다. 모세의 인생은 그가 보는 것에 의해 이끌려갔다.

무엇을 보느냐는 우리의 데스티니를 이루는 데 매우 중요한 역할을 한다. '본다'는 것은 단순히 망막에 광학 정보가 비춰지는 것이 아니다. 본다는 것은 보이는 수많은 것들 가운데 "주목하는 것, 관심을 두는 것"을 의미한다.

보아야 할 것을 보는 사람은 그의 데스티니를 찾고 이루어가지만, 보아야 할 것을 보지 못하는 사람, 더 나아가 보지 말아야 할 것을 보는 사람은 그 인생을 허망하게 낭비하게 된다. 당신은 오늘 무엇을 보고 있는가? 당신의 시선은 하나님께 고정되어 있는가? 당신의 눈은 데스티니를 열어가는 것들 위에 머물러 있는가? 혹시 그저 흥미로운 것, 그저 좀 더 돈이 될 만한 것, 그저 더 말초적인 것에 고정되어 있지는 않은가? 주식, 인터넷, 부동산 정보, 오락 정보, 음란물, 이런 것들이 오늘 당신의 시선을 빼앗고 있지는 않은가?

모세의 위대한 점은 끊임없이 보아야 할 것들을 보았고, 나아가 하나님을 보았다는 것이다. 그는 자신의 사명과 하나님을 끊임없이 바라보았다. 당신의 눈도 이것들을 보기를 축복한다. 데스티니는 "보아야 할 것을 보고, 보지 말아야 할 것을 보지 않는 것"에 따라 이끌려간다. 혹시 보지 말아야 할 것들을 보고 있다면, 즉시 멈추라. 그렇지 않으면 당신의 데스티니가 멈추게 될 테니까 말이다.

자기 능력 vs 하나님의 임재

고된 노동에 시달리는 자기 민족을 '보고' 마음이 아팠던 모세가, 어느 날 자기 민족을 괴롭히던 이집트 사람 한 명을 죽인다. 이 얼마나 자신의 데스티니에 걸맞은 행동인가? 모세의 데스티니는 민족을 구원하는 것이었으니 말이다. 그런데 이상하다. 데스티니에 걸맞은 선택을 했다면 분명히 하나님이 축복하시고 그 길을 열어주셔야 할 것 같은데, 일이 꼬이기 시작했다.

아무도 모를 줄 알았는데, 아뿔싸! 누가 봤다! 급기야 바로에게까지 전해졌다. 모세는 하루아침에 수배자가 되어 광야로 도망쳐야했다. 그리고 거기서 양들을 돌보며, 길고 긴, 도무지 이해할 수 없는 40년이라는 시간을 보낸다. 자기 양도 아닌 장인의 양을 치면서. 모세의 비참한 처가살이가 시작됐다.

무엇이 문제였을까? 바로 '방법'이다. 젊은 모세는 용서고속도로가 아닌, 경부고속도로를 따라 그의 데스티니에 이르려 했던 것이다. 젊은 모세는 그의 데스티니를 어떻게 이루어가야 하는지 몰랐다. 출애굽기 2장의 젊은 모세가 자신의 손에 가진 것을 보니, 뭔가할 수 있을 것 같았다. 히브리 사람인데도 이집트 궁궐에서 왕자들과 함께 자랐다. 왕자들이 받는 교육을 받았고, 권력도 있었다. 그러니 손을 들어 뭔가 하면 될 것 같았다. 그래서 민족을 구원하고자 이집트 사람을 쳐 죽였다. '서울'에 갈 수 있을 줄 알았다. 경부고속도로를 탔으니까! 그런데 그 결과 민족의 구원자는 고사하고, 수배자로 쫓기는 신세가 되어 광야에서 40년을 양치기로 살았다. 데스티니가 막혀버렸다! 자신의 힘으로 데스티니를 이루려고 했기 때문이다.

젊은 모세의 이야기는 자기 생각에만 의지하여 데스티니를 이루어가려는 사람의 한계를 보여준다. 데스티니를 주신 분, 그것을 이루어가시는 분인 하나님을 보지 못한 사람의 한계 말이다. 하나님을 보지 못하니 자기 손에 있는 것만 보이는 것이 당연하다. 그리고 그 손에 보이는 것으로 운명을 이뤄가려고 하는 것 역시 당연한 결과다.

당신의 손에는 무엇이 있는가? 하면 될 것 같아 보이는가? 부모들은 자녀를 이 학원에 보내면 될 것 같고, 젊은이들은 이런 스펙을 쌓으면 될 것 같고, 직장인들은 이렇게 투자하면 될 것 같아 보이는가? 이것이 젊은 모세가 40년을 허비해야 했던 이유였음을 기억하라. 모세가 그의 손에 있던 것을 의지했을 때, 그의 데스티니는 40년이나 광야에서 허비되어야 했다. 하나님이 용서고속도로를 말씀하셨다면, 경부고속도로는 타지 말라! 서울로 갈 수 있을지는 몰라도, 길이 막힌다.

모세가 아니라 하나님

감사하게도 모세에게 하나님께서 두 번째 기회를 주신다. 40년이 지난 어느 날, 양을 치던 모세가 호렙산에 이르렀다. 이곳에서 모세는 그의 데스티니를 이루기 위해 반드시 보아야 할 것을 보게 되는데, 사실은 처음부터 이것을 보았어야 했다. 그것은 떨기나무 위에 꺼지지 않는 불로 임하신 하나님이었다! 하나님의 임재가 거기 있었다. 모세가 처음으로 본 것이 고통당하는 그의 백성들이었다면, 두 번째로 본 것은 이 땅에 실재(實在)하시는 하나님의 임재였다!

이 경험과 함께 모세 인생의 2막이 시작된다. 그리고 2막의 핵심은 내 손이 아니라, 내 인생에 역사하시는 '하나님의 손'이었다. 데스티니를 이루어가는 원동력은 자신의 능력이 아니라, 인생 속에서 실제로 역사하시는 하나님의 능력이다. 오직 하나님을 바라볼 때, 나의 데스티니보다도 그분을 먼저 바라볼 때 그분이 나의 데스티니를 이루어가시기 시작한다. 내 삶 속에 실재하시는 그분의 손이 내 인생을 이끌어가시기 시작한다. 이것이 모세의 데스티니가 주는 메시지다.

당신의 데스티니도 마찬가지다. 데스티니를 이루는 것은 나 자신이 아니라 하나님이시다. 나의 능력이 아니라 하나님의 능력이다. 내 손이 아니라 하나님의 손이다. 하나님은 살아 계셔서 내 삶 가운데 역사하신다는 사실을 알 때, 그리고 그 하나님을 바라볼 때, 나의 데스티니는 그분이 이루신다. 그렇기 때문에 데스티니에 절대적으로 필요한 것은 기도다. 하나님 앞에 나아가서 그분과 독대하는 기도의 시간을 가질 때, 내 인생을 이끌어가는 진짜 실체가 하나님이심을 알게 된다.

이어지는 모세의 이야기를 보면, 모세의 모든 사역의 중심에는 모세의 능력이 아니라 실재하시는 하나님이 자리하고 있다. 바로에게서 이집트를 떠나도 좋다는 허락을 받아낸 것은 모세의 능력이 아니라 모세와 함께하시는 하나님의 능력이었다. 홍해를 걸어서 건너게 하시고, 뒤쫓아 오는 이집트의 군대를 수장시켜버리신 것은 모세의 전략이 아니라 하나님의 능력이었다. 여자와 아이들을 합쳐서 백만이 훨씬 넘는 백성이, 먹을 것도 마실 것도 없는 광야에서 40년 동안 살아남은 것은 모세의 뛰어난 리더십 때문이 아니라 하나님의 도우심 때문이었다. 만나를 주시고, 바위에서 물이 나오게 하시는 하나님! 모세가 천하를 바꿀 재주가 있다 한들, 무엇으로 광야에서 수백만 명을 먹이고 마시게 하겠는가? 모세의 데스티니를 이루게 한 원동력은 그의 손이 아니라 하나님의 손이었다. 모세가 한 것이라곤 기도밖에 없었다.

데스티니에 하나님의 능력이 필요한 이유는 우리의 데스티니는 우리 능력으로 이룰 수 있는 것보다 더 크고 위대하기 때문이다! 만약 모세의 데스티니가 히브리인 한두 명을 구원하는 것이었다면, 모세의 손에 있던 그 능력으로 이루는 것이 가능했을지도 모른다. 그러나 모세의 데스티니는 그 수준이 아니었다. 모세는 불가능한 일을 가능케 해야 할 사람이었다. 모세는 노예 된 백성 수백만을 이끌고 바로의 손에서 벗어나 가나안 땅에 들어가는 위대한 역사의 주역이 되어야 할 사람이었기에, 그의 능력만으로는 도저히 그의 데스티니를 이룰 수 없었다. 그래서 그에게 필요했던 것은 하나님의 실재였다! 당신도 마찬가지다. 당신의 데스티니는 당신이 생각하는 것보다 크다. 훨씬 더 크다. 그래서 당신의 데스티니에는 하나님의 실재가 필요하다.

신앙의 실체

모세에게 있었던 신앙의 실체가 당신에게도 있는가? 민수기 19장에는 흥미로운 말씀이 있다.

> 14 장막에서 사람이 죽을 때의 법은 이러하니 누구든지 그 장막에 들어가는 자와 그 장막에 있는 자가 이레 동안 부정할 것이며 15 뚜껑을 열어 놓고 덮지 아니한 그릇은 모두 부정하니라 민 19:14,15

장막 안에서 사람이 죽으면 그 부정함이 영향을 미치는데, 장막 안에 뚜껑을 열어놓고 덮지 않은 그릇이 있었다면 그 그릇도 부정해진다고 한다. 반대로 말하면, 뚜껑을 닫아놓으면 괜찮다는 것이다.

오늘날 과학 상식으로는 납득하기 어려운 말이다. 부정하고 거룩한 것이 무슨 먼지도 아니고, 뚜껑을 열어놓으면 부정이 들어가고 닫아놓으면 안 들어간다는 것이 말이 되는가? 부정과 거룩은 신앙윤리에 속한 추상적인 개념이 아닌가?

그런데 하나님은 다르게 말씀하신다. 뚜껑을 열어놓은 그릇이 부정하다는 의미는 이렇다. 거룩함, 부정함, 죄 등 '영적인 것'은 신앙윤리에 속한 추상적인 것이 아니라 실재하는 실체라는 것이다. 먼지가 추상적 개념이 아닌 물리적 실재이기에 뚜껑이 열려 있는 그릇이 있으면 그 안에 쌓이듯이, 영적인 것 역시 그런 실체가 있는 실재라는 사실이다. 민수기 19장 14,15절은 이것을 가르치시기 위한 말씀이다.

그래서 모세에게는 '영적인 것'과 '물질적인 것'의 구분이 없었다. '거룩한 것'과 '부정한 것'의 구분이 있었을 뿐이다. 모세에게 주신 기준은 오늘날 서구화된 사회에 살고 있는 우리와는 분명 다른 기준이었다. 모세가 세상을 거룩한 것과 부정한 것으로 구분했다면, 우리는 세상을 영적인 것(보이지 않는 것)과 물질적인 것(보이는 것)으로 구분한다. 그 결과 신앙은 그저 우리 머릿속에서만 존재하는 추상적인 개념이 되어버렸다.

영적인 것 = 추상적인 것, 보이지 않는 것 = 실재가 아닌 것
물질적인 것 = 보이는 것 = 실재하는 것

혹시 당신에게도 이 잘못된 믿음이 있지 않은가? 이것은 헬라 이교도의 사상이지 성경의 가르침이 아니다. 영적인 것은 물질적인 것만큼이나 실재하는 것이다. 하나님은 오늘 내 옆에 있는 사람만큼이나 실재하시는 분이다. 그릇의 뚜껑을 열어놓으면 그 안에 먼지가 들어가듯이, 영적인 것도 그만큼 실재적인 것이며, 먼지가 묻으면 더러워지듯이 영적인 것도 그만큼 경험하고 만질 수 있는 것이다.

모세에게 하나님은 이런 실재였지, 머릿속에서만 존재하는 추상적인 사상이 아니었다. 보이는 구름기둥과 불기둥이 그들을 인도했고, 매일 하늘에서는 먹을 수 있는 만나가 내려왔다. 모세가 선포하자 이집트에 열 가지 재앙이 임했고, 홍해가 갈라졌다. 십계명을 새긴 돌판이 있었고, 아론의 지팡이에서 싹이 나왔다. 모세가 회막에서 나올 때 그의 얼굴에 광채가 있었고, 그래서 수건으로 얼굴을 가려야 했다.

이 모든 것이 실재였다! 그렇다. 모세에게 신앙은 윤리적이고 추상적인 종교가 아니라, 경험되고 만져지는 실재였다. 그리고 이 실재가 모세의 데스티니를 이뤄가는 진짜 실체였다! 젊은 모세가 왜 자신의 능력을 의지했는지 아는가? 이 실재를 몰랐기 때문이다! 하나님의 실재를 보지 못했기 때문이다.

객관적 실체를 경험하고 있는가?

오늘날 우리에게 이런 신앙의 실재(實在)가 있는가? 경험되는 실재만이 진짜다. 하나님 역시 그렇다. 경험되는 하나님이 진짜 하나님이다. 당신은 하나님을 경험한 적이 있는가? 내 삶에 역사하신 하나님에 관한 간증이 있는가? 하나님을 의지하여 홍해를 건너본 경험이 있는가? 하나님을 의지하여 광야에서 만나를 거두어본 경험이 있는가? 보이고 경험되는 하나님, 이 신앙의 실재가 있는가?

삶 속에 '경험되는 하나님'이 있을 때, 그리고 그 경험이 반복될 때, 그 때 비로소 하나님은 내 내면의 추상적 하나님에서 벗어나, 주위 사람들에게 객관적으로 인식되는 '실체가 있는 하나님'이 된다. 모세도 처음에는 떨기나무 불꽃 가운데서 혼자 하나님을 만났다. 이 개인적인 경험을 다른 사람에게 이야기해도 믿어주는 사람이 없었다. 그런데 이런 모세의 개인적인 경험과 간증이 반복되기 시작한다. 하나님이 우박을 내리실 것이라고 하자 정말 우박이 내렸다. 하나님이 메뚜기 떼를 보내신다고 하자 정말 메뚜기 떼가 왔다. 모세의 개인적인 간증이 한 번, 두 번 반복되자 이제 그것은 모든 사람이 보고 인정할 수밖에 없는 객관적인 하나님의 실체로 드러나게 되었다.

세상에서 기독교가 거센 도전을 받고 있는 오늘, 우리에게 필요한 것이 바로 이 하나님의 실재다. 단순히 우리 내면에서 일어나는 하나님의 위로 말고, 그것을 넘어서서 우리의 삶 속에서 객관적으로 경험한 하나님. 믿는 사람들뿐 아니라, 안 믿는 사람들도 볼 수 있는 객관적으로 실체가 있는 하나님. 이 하나님이 있어야 한다. 생각해보라. 모세에게는 구름기둥과 불기둥이 있었다. 누가 무슨 말로 반박하겠는가? 교회가 어떠니 기독교가 어떠니, 할 말이 없지 않겠는가? 구름기둥과 불기둥이라는 실체가 있으니 말이다.

까만 눈동자

2006년, 청년들 몇 명과 레바논을 방문했다. 이스라엘과의 전쟁 직후인지라 조금 긴장되기는 했지만, 우리를 맞아주기로 한 현지 교회에 무사히 도착했다. 며칠 후 현지 크리스천들의 도움을 받아 우리 청년들은 무슬림들만 사는 트리폴리라는 마을을 방문하게 되었다. 그곳에서 십오륙 세 정도 되는 소녀를 만났는데, 그녀는 날 때부터 앞을 보지 못하는 맹인이었다. 까만 눈동자가 없이 태어난 소녀의 눈은 흰자위뿐이었다. 소녀의 부모를 만나 물었다.

"우리는 예수를 믿는 사람들인데, 당신의 딸을 위해 기도해주고 싶습니다. 괜찮겠습니까?"

부모는 괜찮다고, 고맙다고 했다. 무슬림들은 예수의 이름으로 기도 받는 것을 좋아한다! 1시간을 열심히 기도했다. 그런데 아무 일도 일어나지 않았다. 다시 1시간을 열심히 합심해서 기도했다. 여전히 아무 일도 일어나지 않았다. 그만 정리하고 돌아가려고 하는데, 한 자매가 그럴 수 없다고 했다. 이제 막 예수를 믿은 이십대 초반의 대학생이었다.

"분명히 하나님이 이곳에 가라고 하셨고, 그렇다면 뭔가 하실 일이 있어서일 겁니다. 뭔가 일어날 때까지 기도해야 합니다."

집에 돌아가지 않을 태세였다. 1시간을 더 기도했다. 소녀를 붙잡고 기도한 지 3시간이 지났을 때, 놀라운 일이 벌어졌다. 소녀의 흰색 눈동자 속에 까만빛이 감돌기 시작한 것이다. 그리고 그 까만빛은 점점 명확해졌고 까만 눈동자가 되었다! 기적이었다. 소녀의 눈에 까만 눈동자가 생겼고 소녀는 보기 시작했다. 모두 다 놀랐다. 그중에서도 가장 놀란 것은 기도했던 청년들이었다. 함께 갔던 현지 크리스천들이 그 자리에서 복음을 전했을 때 무려 40명이나 되는 무슬림들이 예수께로 돌아왔다! 이날 전했던 복음의 내용은 당연히 하나님은 실재(實在)라는 것이었다! 살아 계신 하나님의 실재가 이슬람의 장벽을 무너뜨렸다. 그곳에 교회가 세워졌고, 6개월 후 70명이 넘는 사람이 모이게 되었다.

우리에게 필요한 것은 종교가 아니다. 우리에게 필요한 것은 살아 계신 하나님과 그 하나님의 실재다. 믿는 자든 믿지 않는 자든, 무슬림이라도 다 같이 보고 고개를 숙일 수밖에 없는 그 실재 말이다. 초대 교회에는 믿는 자든 믿지 않는 자든, 눈이 있고 귀가 있는 사람은 누구나 볼 수 있고 경험할 수 있는 그 무엇이 있었다. 그것이 하나님의 실재였다! 그리고 그것이 1세기 로마제국을 뒤집어놓았던 진짜 능력이었다.

신앙의 실재란 하나님의 나타나심이다

모세의 하나님은 실재하는 하나님이셨다. 구름기둥과 불기둥! 만나와 아론의 싹 난 지팡이! 오늘날 이 땅의 교회들에도 모세에게 있었던 하나님의 실재가 있어야 하지 않겠는가?

교회마다 하나님의 영광이 머물기를 기도한다. "교회마다 하나님의 영광이 머무소서! 부인할 수 없는 하나님의 영광으로, 세상이 하나님의 크고 위대하심을 보게 하소서! 그래서 모든 교회마다 예배당에 들어서는 사람들이 예배를 시작하기도 전에 하나님의 임재에 압도되어 회개하는 역사가 있게 하소서! 예배가 시작되기도 전에 하나님의 임재에 압도된 채 엎드려서 일어날 수 없는 그런 역사가 있게 하소서!"

보고 싶지 않은가? 솔로몬 성전에 임했던 그 하나님의 구름 같은 영광을! 손에 만져지고 눈에 보여지는 그 영광의 구름을! 우리가 믿는 하나님은 단순한 이론과 종교의 하나님이 아니다. 우리가 믿는 하나님은 종교 속에 갇힌 하나님이 아니다. 그분은 살아 계신 진짜 하나님이시다. 그분은 종이 하나님(paper God)이 아니라, 모세의 장막에 구름기둥과 불기둥으로 임하셨던 살아 계신 진짜 하나님이시며, 솔로몬의 성전에 구름으로 임하셨던 진짜 하나님이시며, 엘리야의 제단에 불로 임하셨던 진짜 하나님이시며, 2천 년 전 이 땅에 인간의 몸을 입고 오셨던 진짜 하나님이시며, 레바논 맹인 소녀의 눈동자를 만드신 진짜 하나님이시며, 장차 모든 사람의 눈앞에 구름 타고 오셔서 영원한 왕으로 통치하실 진짜 하나님이시다! 이 하나님이 우리 하나님이다! 우리 하나님은 종이 하나님이 아니라, 살아계신 진짜 하나님이시다!

이 땅의 교회 가운데, 만져지고 보여지는 하나님의 실재(實在)가 있기를 기도한다. 신앙의 실체를 보일 세대가 일어나기를 기도한다. 이것은 꼭 초자연적인 기적을 의미하는 것만이 아니다. 꼭 기적이 아니더라도 우리가 진심으로 영적인 삶을 살 때, 그 영적인 것은 실체가 된다. 우리가 하나님을 예배하듯 전심으로 가난한 이웃을 섬길 때, 하나님의 마음으로 원수를 용서할 때, 하나님을 신뢰하여 이웃의 고통을 위해 눈물로 기도할 때, 환난과 고난 속에서도 전심으로 하나님을 신뢰하며 원망하지 않을 때, 이 영적인 삶이 실체가 되어, 실재하시는 하나님을 세상에 나타낸다.

당신의 하나님은 어떤 하나님인가? 윤리와 철학의 하나님인가? 아니면 오늘도 구름기둥과 불기둥으로 내 인생에 개입하시고 일하시는 실재하시는 하나님인가?

회막 사역

모세의 삶에는 매일 하나님이 임재하시는 회막에 나가 그분을 대면하는 시간이 있었다. 회막에서 만난 하나님, 그 하나님의 말씀과 임재가 모세의 삶 속에 현실이 되고, 그래서 그것이 모세의 간증이 되었을 때, 모세를 통해 놀라운 하나님의 객관적 실체가 나타났다. 우리도 회막으로 들어가자. 하나님을 독대하는 자리로. 그곳은 우리 인생에 정말로 필요한 자리다.

모세는 장막을 쳐놓고 장막 안에만 거했던 수도승이 아니었다. 그는 누구보다 많은 일을 했다. 백성들을 재판하는 일부터 시작해서, 장로들의 회의를 주관하고, 전쟁을 지휘했다. 모세의 이 모든 사역은 회막에서부터 흘러나왔다. 회막에 머물 때 모세에게 경험되는 하나님이 있었고, 회막에 머물 때 모세에게 하나님에 대한 분명한 간증이 생겼다. 이것은 내가 한 일이 아니라, 내 기도에 응답하신 하나님이 하신 일이라는 간증이었다. 그리고 모세가 경험한 하나님과의 개인적인 만남이, 어느 순간 그 누구도 부인할 수 없는 실재(實在)로 사람들 앞에 나타나게 되었다. 이것이 우리가 따라야 할 모범이다.

회막의 시간을 확보하는 것은 결코 쉬운 일이 아니었을 것이다. 모세는 수백만 명의 목숨을 책임진 광야 이스라엘의 수장이었다. 하루도, 한시도 쉴 틈이 없었다. 그런데 회막이라니? 쉽지 않은 결단이다. 하지만 모세는 이 회막의 시간을 양보하지 않았다. 그의 평생 동안. 그는 데스티니의 시작이 이 '회막에서의 시간'임을 알았던 것이다.

대체 불가능한 존재

모세가 이렇게 회막에 거할 때, 그래서 그의 하나님이 실재하는 하나님이 되었을 때, 하나님께서 모세를 그 누구로도 대체할 수 없는 위대한 존재, 대체 불가능한 자(irreplaceable one)로 만드셨다. 그렇다. 이것이 당신의 데스티니다! 당신의 데스티니는 다른 누구로 대체할 수 없는 '대체 불가능한' 존재가 되는 것이다. 당신의 존재뿐 아니라, 당신으로부터 흘러나오는 삶과 사역까지도 말이다.

하나님이 당신을 인도하시는 곳은 결코 시시한 자리가 아니다. 마치 모세처럼 누구도 대체할 수 없고, 누구도 대신할 수 없는 그런 자리다. 당신은 그런 존재이며 그렇게 될 것이다. 당신을 통해 일하시는 하나님, 홍해의 위기에서도, 광야의 궁핍함에서도, 시내산의 예배에서도 항상 함께하시는 하나님, 나의 하나님! 이 하나님의 실재로 인해 당신은 그 누구로도 대체할 수 없는 대체 불가능한 존재가 될 것이다. 이것이 당신의 데스티니다! 모세여, 이제 회막으로 들어가자!

5

영성

데스티니의 엔진

SPIRITUALITY

데스티니를 이루어가는 마지막 요소는 '영성'이다. 영성은 구체적으로 기도와 말씀으로 표현되는데, 그 본질은 '하나님과의 관계'이다. 하나님을 아는 것이 영성이다(요 17:3). 하나님을 아는 것이 영성이라면, 분명 영성은 데스티니를 풀어가는 중요한 열쇠다. 데스티니는 하나님의 계획이지 않은가!

하나님을 안다고 했을 때, 이 '앎'은 지식이나 정보를 의미하는 것이 아니다. 신학을 의미하는 것도 아니다. '안다'는 히브리어로 '야다'라고 하는데 이는 경험적인 지식을 의미한다. 남편이 아내를 아는 것과 같은 인격적인 앎이다. 이 앎은 함께하는 시간을 통해 형성되는 친밀한 관계를 통해 주어진다. 그런 의미에서 영성이란, 기도와 말씀의 자리에서 하나님과 오랜 시간 함께함으로 얻어지는 그분과의 친밀한 관계이고, 그 관계를 통해 주어지는 하나님에 대한 지식이다. 영성이 있는 사람은 "하나님을 안다." 그리고 그 앎 속에는 나의 데스티니, 하나님의 계획도 포함되어 있다.

그렇다면 어떻게 영성을 키울 수 있을까? 먼저 알아야 할 것은 영성은 하루아침에 만들어지지 않는다는 사실이다. 깊고 친밀한 관계가 하루아침에 만들어질 수는 없다. 영성이 만들어지는 데에는 시간이 필요하다. 그렇다고 영성을 키우기 위해 반드시 수도원에 들어가거나 고된 특수 훈련을 받아야 하는 것은 아니다. 영성을 키우는 길은 생각보다 단순하다. 기도와 말씀이다. 마치 단순한 운동을 오랜 시간 꾸준히 지속할 때 근육이 만들어지듯이, 기도와 말씀을 오랜 시간 꾸준히 지속할 때 주어지는 결과가 영성이다. 당신은 기도와 말씀의 자리에 얼마나 오래 머무는가? 그리고 그것을 얼마나 꾸준히 지속하는가? 데스티니의 엔진인 영성은 그 결과로 주어진다.

다니엘이 처음 뜻을 정하여 하루 세 번씩 기도하기 시작한 것은 10대 때의 일이다. 다니엘서 2장에서 다니엘이 느부갓네살 왕의 꿈을 해석할 때 그는 10대 후반이나 20대였다. 이때도 다니엘은 기도한다. 다니엘서 3장에서 다니엘의 세 친구가 금 신상 앞에 절하기를 거부하고 풀무불에 들어갈 때 다니엘은 30대였다. 이때도 다니엘과 그의 친구들은 기도한다. 다니엘서 4장에서 느부갓네살 왕의 두 번째 꿈을 해석할 때 다니엘은 50대가 되었다. 이때도 다니엘은 여전히 하루 세 번씩 기도한다. 다니엘서 7장과 8장, 다니엘이 을래 강변에서 주의 천사들을 만날 때 그의 나이는 60대에서 70대였다. 이때도 다니엘은 기도하기를 멈추지 않는다. 다니엘서 6장, 다니엘이 다리오 왕의 칙령을 알고도 하루 세 번 기도했을 때, 다니엘서 9장, 포로 귀환이 얼마 남지 않았음을 깨닫고 금식하기 시작했을 때, 고레스가 칙령을 반포했을 때 다니엘은 80대였을 것이다. 다니엘의 나이가 거의 90을 바라볼 때도 다니엘은 기도한다. 하루 세 번씩!

10대에 뜻을 정하여 하루 세 번 시작한 다니엘의 기도가 20대, 30대, 40대, 50대, 60대를 거쳐 90대까지 계속된다! 무려 80년을 멈추지 않고 계속되었다. 기도는 다니엘의 일상이었다! 이것이 영성이다.

다니엘의 영성이 다니엘을 그의 데스티니로 인도했듯이, 당신의 영성도 당신을 당신의 데스티니로 인도할 것이다. 영성은 우리의 데스티니를 찾고 이루는 에너지의 근원이다.

9

당신은 벧엘이 있는가? - 야곱 1

10 야곱이 브엘세바에서 떠나 하란으로 향하여 가더니 11 한 곳에 이르러
는 해가 진지라 거기서 유숙하려고 그 곳의 한 돌을 가져다가 베개로 삼
고 거기 누워 자더니 12 꿈에 본즉 사닥다리가 땅 위에 서 있는데 그 꼭대
기가 하늘에 닿았고 또 본즉 하나님의 사자들이 그 위에서 오르락내리락
하고 13 또 본즉 여호와께서 그 위에 서서 이르시되 나는 여호와니 너의
조부 아브라함의 하나님이요 이삭의 하나님이라 네가 누워 있는 땅을 내
가 너와 네 자손에게 주리니 14 네 자손이 땅의 티끌 같이 되어 네가 서쪽
과 동쪽과 북쪽과 남쪽으로 퍼져나갈지며 땅의 모든 족속이 너와 네 자손
으로 말미암아 복을 받으리라 15 내가 너와 함께 있어 네가 어디로 가든
지 너를 지키며 너를 이끌어 이 땅으로 돌아오게 할지라 내가 네게 허락한
것을 다 이루기까지 너를 떠나지 아니하리라 하신지라 16 야곱이 잠이 깨
어 이르되 여호와께서 과연 여기 계시거늘 내가 알지 못하였도다 17 이에

두려워하여 이르되 두렵도다 이 곳이여 이것은 다름 아닌 하나님의 집이요 이는 하늘의 문이로다 하고 18 야곱이 아침에 일찍이 일어나 베개로 삼았던 돌을 가져다가 기둥으로 세우고 그 위에 기름을 붓고 19 그 곳 이름을 벧엘이라 하였더라 이 성의 옛 이름은 루스더라 20 야곱이 서원하여 이르되 하나님이 나와 함께 계셔서 내가 가는 이 길에서 나를 지키시고 먹을 떡과 입을 옷을 주시어 21 내가 평안히 아버지 집으로 돌아가게 하시오면 여호와께서 나의 하나님이 되실 것이요 22 내가 기둥으로 세운 이 돌이 하나님의 집이 될 것이요 하나님께서 내게 주신 모든 것에서 십분의 일을 내가 반드시 하나님께 드리겠나이다 하였더라 창 28:10-22

벧엘과 브니엘은 야곱의 데스티니를 풀어가는 중요한 두 장소다.

또한 우리의 데스티니를 풀어가기 위한 장소이기도 하다. 벧엘과 브니엘에서 무슨 일이 있었는지 살펴보자. 먼저 벧엘로 가보자!

야곱의 데스티니는 '아비의 유업을 잇는 것'이었다. 데스티니에는 세대에서 세대로 이어지는 역사성이 있다. 아브라함에게 약속하셨던 데스티니는 이삭과 야곱을 거쳐 그의 먼 후손인 예수 그리스도를 통해서 완성되었다. 데스티니는 세대에서 세대로 이어지는 연속성 속에서 발전되고 완성된다. 그렇기 때문에 나의 데스티니란, 다른 각도에서 보자면 누군가의 데스티니 유업을 물려받아 이어가는 것이다.

나에게 영적 데스티니의 유업을 물려주는 '영적 아비'는 때로는 육체의 부모일 수도 있고, 때로는 나를 이끌어주던 영적 지도자일 수도 있고, 또 때로는 시대와 상황을 뛰어넘어 한 번도 본 적 없는 신앙의 위인일 수도 있다. 그리고 대부분의 경우는 이런 것들이 함께 섞여서 나의 유업이 된다.

내게도 젊어서부터 존경했던 신앙의 선배들이 있다. 그중 어떤 분들은 개인적으로 나를 이끌어주신 분들이고, 또 어떤 분들은 한 번도 뵌 적이 없는 분들이고, 어떤 분들은 책으로 만난 역사의 위인들이었다. 그리고 중년이 된 어느 날, 내 안을 들여다보니 어느덧 내 안에 그 분들의 영적인 DNA가 뿌리를 내리고, 그 분들이 했던 일들을 계승하고 발전시켜가고 있었다.

당신은 누구의 데스티니를 유업으로 물려받았는가? 그런 아비가 하나도 없다면, 미안하지만 당신은 영적인 고아다. 오늘이라도 고아의 운명을 벗어나라. 어떻게 벗어나느냐고? 잠깐만 기다려라. 야곱이 들려줄 테니까. 야곱의 이야기는 우리가 어떻게 아비의 데스티니 유업을 이어갈 수 있는지를 말해준다. 그리고 이 유업을 잇기 위해 반드시 거쳐야 할 장소가 벧엘이다. 아버지의 하나님이 나의 하나님이 되는 벧엘! 자, 벧엘의 이야기를 시작해보자. 야곱의 벧엘 이야기 말고, 오늘 당신이 '나의 하나님'을 만나게 될 당신의 벧엘 말이다!

아비의 유업을 사모하다

쌍둥이로 잉태된 에서와 야곱은 어머니 리브가의 태중에서부터 장자로 태어나기 위해 다퉜다. 유대인들에게 장자는 아버지의 유업을 잇는 특별한 권리를 갖고 있었기 때문이다. 불행히도 야곱은 이 경쟁에서 간발의 차이로 밀렸다. 이삭의 차남으로 태어난 야곱이 자라면서 가장 부러워한 것은 아쉽게 놓친 장자의 권리였다. 장자로서 아버지의 축복과 유업을 이어가는 이 권리를 얻는 데 모태에서는 뒷심이 부족해 밀렸지만, 그것을 만회할 수 있다면 무슨 일이라도 하겠다고 마음먹었다.

아비의 유업을 이어받는 첫 번째 비결은 그것을 사모함에 있다.

어떤 대가를 치르더라도 그 유업 잇기를 소망하는 것이다. 소망하지 않는데 유업을 이어가는 일은 결코 일어나지 않는다. 영적인 유업을 물려받기 원하는가? 그렇다면 누군가의 유업을 사모해야 한다. 당신을 이끌어주는 분의 영성을 존경하고 사모해야 한다.

불행하게도 맏아들 에서는 영적인 것에 관심이 없었다. 반면 야곱은, 성격은 좀 음흉해도 영적인 일에 관심이 있었다. 에서는 하나님의 유업을 이어가는 일에 관심이 없었지만, 야곱은 하나님의 축복을 받는 일, 하나님의 유업을 이어가기 위해 아비의 축복을 받는 일에 모든 것을 걸었다. 그런 면에서 본다면 야곱을 지지했던 리브가가 옳았고, 이삭은 리브가의 말을 들었어야 했다. 아비가 분별력이 없으면 가정에 불행이 온다.

어느 날 야곱에게 기회가 왔다. 사냥을 마치고 허기져 돌아온 에서에게서 팥죽 한 그릇으로 장자의 권리를 산 것이다! 권리를 합법적으로 샀으니, 이제 장자로서 아버지의 축복만 받으면 된다. 여기에 어머니 리브가가 도움을 준다. 리브가와 야곱이 합심하여 이삭과 에서를 속인다. 에서가 없는 틈을 타 앞을 잘 보지 못하는 이삭에게 야곱을 들여보내고, 야곱은 자신을 에서라고 속여 장자에게 돌아가야 할 아비의 축복을 가로챈다. 당연히 이 사건으로 야곱은 에서의 진노를 사고, 그를 피해 결국 하란으로 도망하기에 이른다.

41 그의 아버지가 야곱에게 축복한 그 축복으로 말미암아 에서가 야곱

을 미워하여 심중에 이르기를 아버지를 곡할 때가 가까웠은즉 내가 내 아우 야곱을 죽이리라 하였더니 42 맏아들 에서의 이 말이 리브가에게 들리매 이에 사람을 보내어 작은 아들 야곱을 불러 그에게 이르되 네 형 에서가 너를 죽여 그 한을 풀려 하니 43 내 아들아 내 말을 따라 일어나 하란으로 가서 내 오라버니 라반에게로 피신하여 44 네 형의 노가 풀리기까지 몇 날 동안 그와 함께 거주하라 45 네 형의 분노가 풀려 네가 자기에게 행한 것을 잊어버리거든 내가 곧 사람을 보내어 너를 거기서 불러오리라 어찌 하루에 너희 둘을 잃으랴 창 27:41-45

소망 없는 유배의 길에서 벧엘을 만나다

이 상황이 이해되는가? 야곱은 지금 집에서 쫓겨난 것이다. 그렇게도 아버지의 유업을 잇고 싶어 했던 야곱이, 유업을 잇는 것은 고사하고 아버지 집에서 쫓겨나 먼 유배의 길을 떠나게 되다니! 당시 여행은 오늘날과는 달랐다. 친족을 떠난다는 것은 대단히 위험한 일이었다. 아브라함이 하란을 떠나 가나안 땅으로 간 것이 위험한 모험이었듯이, 야곱이 가나안을 떠나 하란으로 돌아가는 것 역시 위험한 모험이었다.

'과연 오늘 무사히 하루를 넘길 수 있을까? 사나운 짐승을 만나면 어떻게 하지? 도적을 만나면?'

더 우울한 것은 소망이 보이지 않는다는 점이었다. 언제 다시 집으로 돌아올 수 있을지, 하란에는 과연 무엇이 기다리고 있을지 확실한 것이 하나도 없다.

'이러다가 죽는 게 아닐까? 괜히 축복에 욕심냈다가 이게 무슨 꼴이지?'

야곱은 생각이 복잡했다. 후에 자신의 인생을 돌아보며 이렇게 표현한다.

> 야곱이 바로에게 아뢰되 내 나그네 길의 세월이 백삼십 년이니이다 내
> 나이가 얼마 못 되니 우리 조상의 나그네 길의 연조에 미치지 못하나
> 험악한 세월을 보내었나이다 하고 창 47:9

스스로 자초한 것이었지만, 야곱의 인생은 한마디로 험악했다! 그 험악한 인생의 서막이 이제 오르고 있는 것이다. 아비의 유업을 열망했던 야곱이 왜 이렇게 되었을까? 유업을 잇는 것은 단순히 그것을 열망한다고 되는 것이 아니기 때문이다. 유업을 잇는 것은 팥죽으로 권리를 사거나 속여서 아비의 축복을 강탈하는 인간의 방법으로 되는 것도 아니다.

나는 삼 대째 신앙의 가정에서 태어났다. 그러나 이 복된 유업이 곧 나의 신앙을 보증해주지는 않았다. 나의 데스티니는 열아홉 살 겨울에 하나님을 만나면서부터 펼쳐지기 시작했다. 그전까지 나의 신앙은 믿는 것도 아니고 안 믿는 것도 아닌, 애매한 상태였다. 크리

스천이라고 하기에는 확실한 믿음이 없었고, 그렇다고 크리스천이 아니라고 하자니 그것도 아닌 것 같았다. 이 애매한 상태는 많은 모태 신앙들에게서 동일하게 발견된다. 분명 믿음의 가정에서 태어난 유업이 있음에도, 뭔가 갸우뚱하게 하는 것이 있다. 야곱도 그랬다. 벧엘에서 하나님을 대면하기 전까지는.

아비의 유업을 계승하다

그 날도 야곱은 피곤한 몸을 쉬기 위해 노숙을 했다. 광야에서 해가 떨어지면 길에서 자는 것 말고는 방법이 없었다. 적당한 돌을 하나 골라 베개 삼아 잠을 청했다. 그곳은 훗날 "벧엘"이라 불리게 되는, 야곱의 데스티니에 있어 운명의 장소였다. 그 밤, 야곱에게 놀라운 일이 벌어진다. 하나님께서 찾아오신 것이다! 비참한 노숙자 야곱에게 하늘이 열린다! 열린 하늘을 통해 천사들이 왕래하고, 하나님께서 강림하신다!

하나님께서, 야곱의 모든 부족함에도 불구하고 그 안에 있는 열망, 하나님의 유업을 잇기 원하는 그의 영적인 열망을 보시고 야곱을 찾아오신 것이다. 험악한 인생을 헤쳐 가던 야곱에게 하늘이 열렸으니, 이것이 곧 벧엘 사건이다, 그렇다! 영적 욕심이 있는 사람에게는 '벧엘'이 있다! 유업을 잇기 원한다고? 그렇다면 영적인 열망이 있는가? 이 열망이 당신을 벧엘로 인도할 것이다.

벧엘은 하나님께서 우리의 데스티니를 계시하시고, 그것을 이루어 가시겠다는 언약을 맺으시는 곳이다. 그 날 벧엘에서 하나님께서 야곱과 언약을 맺으셨다. 그 언약은 예전에 아브라함과 맺었던 언약이었다.

"너로 인해 큰 민족을 이룰 것이며, 네 자손이 땅의 티끌같이 될 것이다. 네 자손들은 동과 서와 남과 북으로 퍼져나갈 것이며, 너와 네 자손은 복의 근원이 될 것이다"

아브라함과 맺었던 언약이 야곱에게 다시 주어졌다. 드디어 야곱이 그렇게도 원하고 원했던 자신의 데스티니, 아비의 유업을 계승하는 데스티니가 확정된 것이다.

아비의 유업을 잇는 야곱의 데스티니는 팥죽으로 권리를 산다고 이루어지는 것도 아니었고, 아비의 축복을 받는다고 되는 것도 아니었다. 믿는 가정에서 태어난다고 저절로 되는 것도 아니고, 유명한 분들의 축복기도를 많이 받는다고 되는 것도 아니다. 유업을 이어가는 데스티니는 하나님을 만나는 벧엘이 있을 때, 그곳에서 하나님께서 아비와 맺었던 언약을 나와도 맺으실 때, 비로소 시작된다. 더 이상 할아버지의 하나님, 아버지의 하나님이 아니라 나의 하나님이 되실 때, 아비의 데스티니가 아닌 내 데스티니가 시작되는 것이다. 유업을 이어가야 할 우리에게는 벧엘이 필요하다.

모태 신앙이 아니라 벧엘 신앙

모태 신앙으로 태어났는데도, 그 복된 신앙의 저력을 발휘하고 있지 못하다면 그것은 벧엘의 경험이 없기 때문이다. 나는 모태 신앙으로 태어난 이들에 대한 특별한 애정이 있다. 나도 그렇게 태어났기에 그 위대한 축복이 무엇인지 알기 때문이다.

앞서 언급했듯이 데스티니에는 역사성이 있다. 데스티니는 나 혼자 이루어가는 개인의 운명이 아니다. 데스티니의 온전한 성취는 내 앞에 갔던 사람들이 이루어놓은 역사 위에 나의 데스티니를 얹는 것이다. 그렇기 때문에 데스티니에는 연속성이 있다. "아브라함의 하나님, 이삭의 하나님, 야곱의 하나님"이란 아브라함에게서 시작된 아브라함 가문의 위대한 데스티니가 이삭을 통해 계승 발전되고, 야곱의 때에 더욱 놀랍게 이루어진다는 의미다.

모태 신앙들이여, 이 축복을 알기 바란다. 당신의 데스티니는 당신 부모님의 믿음으로 인해 그 시작점이 다르다. 당신 가문의 데스티니를 이어가라. 그러나 이것이 그냥 육체적으로 믿음의 가정에서 태어났다고 저절로 이루어지는 것이 아님은 물론이다. 엄마 손 잡고 교회 왔다 갔다 한다고 되는 것도 아니다. 모태 신앙이 믿음의 유업을 계승하여 위대한 데스티니를 이어가게 되는 것은 벧엘의 체험을 통해서다!

오늘날 신실한 가정에서 태어난 수많은 모태 신앙들이 부모의 믿음을 계승하지 못하는 이유는 벧엘이 없기 때문이다. 우리에게는 모태 신앙이 아니라 벧엘 신앙이 있어야 한다. 살아 계신 하나님을 대면하여 만나는 경험! 그래서 부모의 믿음이 아니라 내 믿음이 되고, 부모의 하나님이 아니라 나의 하나님이 되는 그 현장! 부모의 데스티니가 아니라 나의 데스티니가 되는 그 자리! 이 벧엘의 체험이 있어야 한다.

유업이란 꼭 육체의 부모에게서 물려받는 것만을 의미하지는 않는다. 영적 아비로부터 물려받는 유업도 육적인 것만큼이나 중요하다. 아니, 어쩌면 더 중요하다. 그런 의미에서 모태 신앙이 아닌 사람들도 마찬가지다. 교회 문턱만 밟으면서 목사님의 하나님, 장로님의 하나님만 바라본다고 자신의 데스티니가 이루어지는 것이 아니다. 신앙의 위인들을 존경한다고 그 분들의 유업이 당신 것이 되는 것도 아니다.

야곱의 데스티니가 시작된 곳은 벧엘이었다. 벧엘에서 만난 하나님께서 야곱의 데스티니를 계시하여주시고 아비와 맺었던 언약을 야곱에게 갱신하여주셨을 때, 야곱의 데스티니는 바로 그때 시작되었다. 목사님이 만난 하나님이 아니라 내가 만난 하나님이 있어야 한다. 사도바울의 인생이 아니라 내 인생에 찾아오셔서 말씀하신 하나님이 있어야 한다. 부모님에게 주신 데스티니가 아니라, 내게 주신 데스티니가 필요하다. 이 하나님을 만나라. 바로 벧엘에서!

흥미로운 것은 이 벧엘의 언약이 야곱이 큰 위기 가운데 있을 때 맺어졌다는 점이다. 많은 경우 벧엘의 체험은 인생의 위기 속에서 이루어진다. 왜인지는 잘 모르겠다. 경험상 그렇다. 아마도 그만큼 갈급하기 때문이 아닐까 싶다. 인간의 노력이 한계에 다다르는 때, 그때 우리에게 하나님의 은혜의 길이 열린다. 벧엘이 열린다. 그래서 벧엘의 언약은 오갈 데 없는 인생 가운데 만난 하나님, 그 하나님과 맺는 언약이다. 그러니 더욱 잊으려야 잊을 수 없다.

당신의 벧엘이 있는가?

벧엘의 체험은 야곱의 인생을 송두리째 바꾸었다. 말로만 듣던 아브라함의 하나님, 말로만 듣던 이삭의 하나님이 오늘 나의 하나님이 되신 것이다.

"오래전 우리 할아버지가, 내가 태어나기도 전에 돌아가셔서 한 번도 뵌 적 없는 그 할아버지가 하나님을 깊게 만나셨대. 그것이 우리 가문 여정의 시작이래."

이 전설 같던 이야기가, 오늘 나에게 현실이 된 것이다. 누구누구의 하나님이 아니라 나의 하나님이 된 것이다! 그 하나님이 약속을 좇아 오갈 데 없는 처량한 나를 구원하실 것이며, 그 하나님이 약속을 좇아 나로 다시 이 땅으로 돌아오게 하실 것이며, 그 하나님이 약속을 좇아 나로 큰 민족을 이루게 하실 것이다! 그것이 하나님이 약속하신 나의 데스티니다!

데스티니는 하나님을 만나 그분과 언약을 맺을 때 비로소 시작된다. 데스티니는 우리를 향한 하나님의 계획이며 약속이기 때문이다. 하나님이 보여주신 나의 데스티니에 동의해서 하나님과 그 '데스티니의 언약'을 맺을 때, 나도 그것을 나의 데스티니로 취하겠다고 동의할 때, 그때 비로소 나의 데스티니가 시작된다. 이것을 윗세대 분들은 '소명'이라고도 하셨고, '비전'이라고도 하셨다.

그렇다. 벧엘은 하나님과의 위대한 언약의 장소다. 나를 위기에서 건지신 하나님이 나의 데스티니를 계시해주시고, 나와 데스티니의 언약을 맺으시는 장소다. 당신은 벧엘을 가졌는가? 당신은 벧엘의 하나님을 만났는가? 우리에게 필요한 것은 모태 신앙이 아니라 벧엘 신앙이다.

벧엘의 체험은 이후 야곱의 인생에 중요한 기초석이 된다. 하나님을 만난 야곱이 벧엘에서 언약의 징표로 서원을 한다. 언약은 한쪽에서 일방적으로 맺을 수 있는 성질의 것이 아니다. 언약이 실효를 발휘하기 위해서는 그 언약을 이루어가는 일에 헌신하겠다는 쌍방의 서약이 모두 필요하다. 야곱이 언약에 동의함으로 베개로 삼았던 돌을 가져다가 기둥으로 세우고 하나님의 집을 세울 것을 서원한다.

20 야곱이 서원하여 이르되 하나님이 나와 함께 계셔서 내가 가는 이 길에서 나를 지키시고 먹을 떡과 입을 옷을 주시어 21 내가 평안히 아

버지 집으로 돌아가게 하시오면 여호와께서 나의 하나님이 되실 것이요 22 내가 기둥으로 세운 이 돌이 하나님의 집이 될 것이요 하나님께서 내게 주신 모든 것에서 십분의 일을 내가 반드시 하나님께 드리겠나이다 하였더라 창 28:20-22

돌을 쌓는다는 것은 잊지 않겠다는 의지의 표현이다. 당신은 벧엘에 돌을 쌓았는가? 하나님의 은혜를 잊지 않고 기억하고 있는가? 늘 절감하는 사실이지만, 인간은 너무 쉽게 망각한다. 하나님은 잊지 않으시는데 말이다.

하나님은 서원을 기억하신다

2005년 겨울. 교회를 개척하고 4년이 흘렀을 때다. 교회를 개척한다는 것이 그렇게 어려운 일인지 미처 몰랐다. 한국에서 부교역자 경험이 전혀 없던 내게는 도와줄 사람도, 어려울 때 찾아가 상담할 멘토도 없었다. 믿을 분은 하나님뿐이었다. 하나님께서 명확히 확언해 주시기 전에는 돌아오지 않으리라는 마음으로 집을 떠나 기도하러 갔다. 위기의 때에 벧엘이 열리는 것은 이런 갈급함 때문이리라.

기도원에서 머리를 땅에 박고 밤낮으로 며칠을 기도했다. 그러던 어느 날, 깊은 임재 가운데 하나님께서 말씀하기 시작하셨다. 그런데 그 말씀은 의외의 것이었다. 대학교 1학년 때 예수님을 만난 나는 대학을 졸업할 때까지 방학마다 교회 수양회에 참석했다. 감사하게도 수양회에는 항상 큰 은혜가 있었고, 마지막 밤에는 헌신의 시간이 있곤 했다. 헌신의 시간마다 나는 앞에 나가 무릎을 꿇고 울면서 기도했다. 무슨 기도를 했냐고? 당연히 기억나지 않는다. 20년도 훨씬 전에 일들인데 기억이 나겠는가? 다 잊어버렸다.

그런데 2005년 겨울, 땅에 머리를 박고 기도하던 내게 하나님은 20년도 더 전에 내가 하나님 앞에서 드렸던 헌신의 기도들을 기억나게 하셨다!

"주를 위해 살겠습니다!", "내 인생은 모두 주님의 것입니다. 주의 나라를 위한 일이라면 다 가져가셔도 됩니다. 내 생명도 주님의 것입니다!" 하나님의 은혜 앞에 내가 반응했던 헌신의 기도들, 나는 이미 다 잊어버리고 하나도 기억하지 못한 그 서원들을, 놀랍게도 하나님은 하나도 잊지 않고 기억하고 계셨다. 하나님은 그 기억들을 곱씹으시며 흐뭇해하시고, 나를 향한 당신의 언약을 기억하셨다. 그렇다. 하나님은 언약을 잊지 않으신다. 그리고 우리도 그 언약을 잊지 않고 기억하기를 원하신다.

우리의 데스티니가 흐려지는 것은 하나님이 베푸신 은혜와 그분과 맺은 언약의 기억이 흐려지기 때문이다. 야곱은 벧엘에 돌을 쌓았다. 이곳에서 만난 하나님. 오갈 데 없는 내 인생 가운데 찾아오셔서 언약을 갱신하신 그 하나님을 잊지 않고 기억하기 위해서였다. 하나님의 은혜가 있었는가? 약속의 말씀이 있었는가? 그렇다면 당신도 오늘 돌을 쌓으라.

내가 아는 한 자매님이 운영하는 가게에 들어가면, 한쪽 벽에 조그마한 진짜 돌들이 소복이 쌓여 있다. 야곱을 흉내 내어 하나님의 은혜가 있을 때 쌓은 돌이다. 이 돌들을 볼 때마다 내게 행하신 하나님의 은혜를 기억한다는 것이다. 손님들이 진상을 부려 마음이 상할 때, 돌들을 바라보며 은혜를 기억한다. 가게 운영이 힘들어 원망하는 말이 나오려고 할 때, 돌들을 바라보며 은혜를 기억한다. 당신은 쌓아놓은 돌이 있는가? 어떤 형태로든 하나님의 은혜를 기억하는 돌을 쌓으라. 진짜 돌을 쌓든, 기록으로 남기든, 휴대폰에 바탕 화면으로 깔든, 하여간 돌을 쌓으라. 하나님의 은혜는 잊지 않고 기억해야 한다.

서원, 언약을 향한 우리의 반응

둘째, 벧엘에서 야곱이 하나님 앞에 서원한다. 언급했듯이 언약은 쌍방이 맺는 것이다. 하나님의 약속은 일방적인 것이 아니다. 그분의 약속은 반드시 우리의 반응을 요구한다. 야곱이 돌로 기둥을 세우고 그 위에 기름을 붓고 서원했을 때, 그때 비로소 언약이 성사되었다. 그의 데스티니를 향한 하나님의 약속이 효력을 발휘하기 시작한 것이다. 그것은 벧엘의 하나님이 주시는 위로와 약속뿐 아니라, 우리의 서원이 함께 있어야 이뤄지는 언약이다.

나에게 벧엘은 하나님을 만난 장소이며 동시에 하나님께 서원한 장소다. 서원이 없는 하나님과의 만남은 유효하지 않다. 하나님을 만날 때마다, 은혜가 임할 때마다, 나에게 그 마지막은 항상 서원이었다. "내 인생은 주님의 것입니다!", "하나님의 나라를 위한 일이라면 무엇에라도 불러주십시오, 기쁘게 섬기겠습니다!", "평생 하나님 나라 문지기로 살겠습니다", "선교지로 가겠습니다", "나를 목사로 드립니다." 하나님의 은혜로 주체할 수 없는 감사와 감격이 하나님께 나를 더 드리고 싶게 했다. 드리고 더 드려도 또 드리고 싶었다. 왜? 좋으니까! 그리고 이 서원이 나를 향한 하나님의 언약을 유효하게 했다.

언약의 벧엘로 돌아가다

벧엘의 체험은 위기 때마다 야곱의 인생을 지탱해주는 버팀목이 되었다. 벧엘을 떠난 야곱은 하나님의 약속대로 무사히 하란에 도착했다. 하나님의 은혜로 삼촌 라반에게 환대를 받은 야곱은 하란에서 가정을 이루고 정착하게 되었다. 순조롭고 평안하게, 그렇게 세월이 흘렀다. 그러던 어느 날, 야곱의 인생에 또 다른 위기가 찾아온다. 라반과 그의 아들들이 야곱을 시기하기 시작한 것이다. 야곱의 양들은 점점 더 많아지고 라반의 양들은 줄어들자, 야곱을 시기하고 비난하기 시작했다. 야곱에게는 견디기 힘든 시간이었다. 이 험악한 때에 하나님께서 다시 야곱에게 나타나 말씀하신다.

> 나는 벧엘의 하나님이라 네가 거기서 기둥에 기름을 붓고 거기서 내게
> 서원하였으니 지금 일어나 이 곳을 떠나서 네 출생지로 돌아가라 하셨
> 느니라 창 31:13

하나님은 야곱에게 벧엘을 새로이 기억나게 하신다! 그곳에서 야곱이 기름을 붓고 서원했던 것을 하나님께서 기억하고 계시는 것이다. 이것이 야곱의 신앙에 기초이며 머릿돌이었다. 하나님께서 야곱에게 축복하시고 역사하시고 인도하시는 근거가 무엇인가? 그것은 벧엘이다.

"내가 벧엘에서 야곱을 만났고, 그와 언약을 맺었다. 그가 그 언약을 자신의 것으로 받아들여 기름을 붓고 서원하였다."

이 벧엘의 언약이 하나님께서 야곱의 인생 속에 일하시는 근거였다. 그리고 이 벧엘의 언약이 야곱이 위기 때마다 돌아갈 고향이며 버팀목이며 기초석이었다. 당신은 하나님과의 언약이 이루어진 곳, 하나님이 받으시고 인정하셔서 언약의 초석으로 삼으신 그 곳, 벧엘이 있는가?

"그때! 그 위기의 때, 머리 둘 곳이 없어 돌베개를 베고 자던 그때, 내일이 보이지 않고 아무것도 의지할 것이 없던 그때 거기 하나

님이 찾아오셔서 약속하셨지! 그리고 힘이 되어주셨지!"

그 벧엘! 그곳이 야곱이 돌아갈 벧엘이며 믿음의 기초였다. 당신은 벧엘이 있는가?

나의 벧엘

내게도 벧엘이 있다. 대학을 졸업할 때 즈음 영적인 침체가 찾아왔다. 불안한 미래에 대한 염려가 나를 하나님에게서 멀어지게 했다. 이 영적 침체는 대학을 졸업하고 미국으로 유학길에 오를 때까지 몇 년간 지속되었다. 이 위기에서 나를 깨운 것은 유학생활 중에 만난 교회였다. 성도 한 사람 한 사람이 하나님을 향한 순수한 열정에 불 탔던 이 교회는 내 영을 깨우고 새롭게 했다. 평생 이 교회를 섬기리라 다짐했다. 꿈같은 7년의 유학생활은 이 교회를 만나기 위한 것이라 믿었다. 그런데 불행하게도 이 행복은 담임목사님의 죄와 그로 인한 갑작스런 사임으로 깨어졌다. 교회는 풍비박산이 났다.

설상가상으로 졸업 논문에 문제가 생겨 학위를 포기해야 할지 모르는 위기에 처했다(내 전공은 수학이었다). 아무리 노력해도 논문의 오류를 해결할 방법이 없었다. 두려움이 찾아왔다. 인생의 황금기인 20대 후반과 30대 초반을 모두 투자했던 시간들, 영적인 것도 세상적인 것도 아무것도 건지지 못하고 모두 물거품이 될 것 같았다. 그 불안하고 초조했던 1년은 큰 위기의 시간인 동시에 하나님의 큰 은혜를 경험하는 시간이었다. 벧엘은 위기에 찾아온다!

이 위기 속에서 하나님은 나를 기도로 인도하시고, 기도를 배우게 하셨다. 하나님 앞에 잠잠히 머무는 법을 배우게 하셨다. 그런데 하나님은 초자연적인 방법을 통해 내 꼬인 논문을 해결하셨고, 나는 박사학위를 받게 되었다! 졸업과 동시에 우리 부부는 하나님 앞에 서원했다.

"저희를 선교사로 드립니다!"

이 1년의 '벧엘 기간'은 하나님을 깊이 만나는 축복의 시간이었다. 1년이 지났을 때 나는 미국을 떠나 한국에 있었고, 그곳에서 목회를 시작하게 되었다. 하나님 앞에 머무는 깊은 기도의 시간들은 하나님의 말씀을 듣는 나의 귀를 열어주었다. 목회를 앞두고 한국의 한 기도원에서 무릎을 꿇고 기도할 때 하나님의 말씀이 임했다.

"내가 새로운 세대를 일으킬 것이다. 그들은 여호수아의 군대인데, 모세의 세대처럼 광야에서 죽어 사라질 세대가 아니라, 요단을 건너 땅을 정복할 세대가 될 것이다. 너의 데스티니는 선교사로 선교지에 들어가는 것이 아니라, 새로운 세대를 훈련하고 준비시키는 것이다."

하나님의 언약의 말씀이 임했다. 이 약속의 말씀 위에 목회자로서 나의 인생 2막이 시작되었다. 하나님의 언약 위에 나의 데스티니가 시작되는 벧엘이 열린 것이다!

이 벧엘은 위기의 순간마다 내가 돌아가는 고향이다. 목회가 힘들 때마다 '내가 이 길을 가는 것이 맞나?' 하는 회의가 들 때마다 나는 벧엘로 돌아간다.

"아니야! 이곳이 맞아! 이곳에서 하나님이 나를 부르셨고, 이곳에서 하나님이 나와 언약을 맺으셨어. 이곳에서 하나님이 나를 이 길로 인도하셨어! 나는 여기에 있어야 해!"

건강이 좋지 않아서 근심이 될 때에도, 나는 벧엘의 언약을 상기한다.

"아니야, 나는 이 약속을 보기 전에는 죽지 않아! 염려하지 않아도 돼!"

사역이 생각처럼 풀리지 않고 막히는 것처럼 보일 때에도, 나는 벧엘로 돌아간다.

"아니야, 하나님이 약속하셨어. 반드시 열릴 거야!"

벧엘은 위기의 순간마다 내가 돌아가는 고향이며, 버팀목이다. 당신은 벧엘을 가졌는가? 벧엘이 없는 사람은 돌아갈 곳이 없는 사람, 인생의 버팀목이 없는 사람이다.

벧엘의 약속 되새기기

하나님의 은혜로 야곱은 고향 가나안으로 돌아온다. 하나님께서에서의 마음을 만져주셔서 믿을 수 없는 환대를 받으며 집으로 돌아오게 되었다. 몇 년이 흘러 야곱의 인생에 다시 위기가 찾아온다. 이

전과는 비교할 수 없는 엄청난 위기였다. 딸 디나의 일로 그의 오라비 시므온과 레위가, 가나안 히위 족속의 모든 남자를 죽이고 칼로 하몰과 그의 아들 세겜을 죽인 것이다(창 34장).

이 일로 야곱은 모든 가나안 족속에게 '공공의 적'이 되었다! 아브라함의 가족은 하란에서 이주해 온 이주민이었다. 가나안 사람들의 배려로 그 땅에 '손님'으로 살았던 것이지 원주민이 아니었다. 눈치를 봐야 하는 입장이었다. 그런데 하몰과 세겜을 칼로 죽였으니 사고도 보통 사고를 친 것이 아니었다. 이제 전쟁이다. 그것도 모든 가나안 족속을 상대로 말이다. 이길 가능성은 요즘 말로 하면 1도 없었다. 에서라면 몰라도 야곱은 전사가 아니었다. 군대를 키운 것도 아니다. 이 절체절명의 순간 다시 하나님이 찾아오신다!

1 하나님이 야곱에게 이르시되 일어나 벧엘로 올라가서 거기 거주하며 네가 네 형 에서의 낯을 피하여 도망하던 때에 네게 나타났던 하나님께 거기서 제단을 쌓으라 하신지라 2 야곱이 이에 자기 집안사람과 자기와 함께한 모든 자에게 이르되 너희 중에 있는 이방 신상들을 버리고 자신을 정결하게 하고 너희들의 의복을 바꾸어 입으라 3 우리가 일어나 벧엘로 올라가자 내 환난 날에 내게 응답하시며 내가 가는 길에서 나와 함께하신 하나님께 내가 거기서 제단을 쌓으려 하노라 하매

창 35:1-3

디나의 사건으로 다시 인생의 위기를 맞이한 야곱에게 하나님께서 다시 벧엘을 말씀하신다. 돌아갈 곳은 벧엘이라는 것이다! 청년의 때, 집에서 쫓겨나 하란으로 향하던 그때, 불안한 미래와 암울한 현실, 그 어둠의 때 그곳에서 만났던 하나님. 그때 보았던 열린 하늘 문. 노년의 때에 야곱이 다시 돌아갈 곳 역시 바로 그 벧엘이었다.

"그때 그렇게 역사하셨던 하나님, 그때 그 벧엘의 약속대로 지난 세월 신실하게 언약을 지키고 이루어 오신 하나님, 오늘의 나를 있게 하신 하나님, 에서의 손에서 구원하시고, 라반의 착취 속에서도 큰 부를 얻게 하시고, 레아와 라헬을 주시고, 열두 아들을 주신 하나님, 그 하나님이 지금 이 위기 속에서도 나를 지키신다! 벧엘로 올라가자!"

이것이 야곱 인생의 진짜 비결이었다. 위기의 때마다 믿을 구석이 있었던 것이다. 돌아갈 벧엘이 있었던 것이다. 당신은 이 벧엘을 가졌는가? 젊은이들이여, 그대는 벧엘의 시작이 있는가? 하나님을 대면하여 그분과의 언약이 시작된 그 경험이 있는가? 청년의 때 가장 중요한 일은 벧엘을 가지는 것이다. 그렇지 않은 사람은 노년의 때에 돌아갈 믿음의 고향이 없다. 청년들이여, 벧엘이 있는가? 이것을 사모하라.

야곱이 벧엘에 이르자 하나님께서 다시 나타나 말씀하신다.

10 하나님이 그에게 이르시되 네 이름이 야곱이지마는 네 이름을 다시

는 야곱이라 부르지 않겠고 이스라엘이 네 이름이 되리라 하시고 그가

그의 이름을 이스라엘이라 부르시고 11 하나님이 그에게 이르시되 나

는 전능한 하나님이라 생육하며 번성하라 한 백성과 백성들의 총회가

네게서 나오고 왕들이 네 허리에서 나오리라 12 내가 아브라함과 이삭

에게 준 땅을 네게 주고 내가 네 후손에게도 그 땅을 주리라 하시고 13

하나님이 그와 말씀하시던 곳에서 그를 떠나 올라가시는지라 14 야곱

이 하나님이 자기와 말씀하시던 곳에 기둥 곧 돌 기둥을 세우고 그 위

에 전제물을 붓고 또 그 위에 기름을 붓고 15 하나님이 자기와 말씀하

시던 곳의 이름을 벧엘이라 불렀더라 창 35:10-15

하나님은 야곱을 향한 그분의 언약, 야곱의 데스티니를 다시 상기

시키신다.

"너의 데스티니가 무엇인지 아느냐? 너는 야곱, 사기꾼이 아니다.

너의 이름, 너의 데스티니는 이스라엘이다. 하나님의 축복을 받은

자, 하나님이 통치하시는 존재! 너로 인해 큰 민족을 이루며, 왕들이

네 허리에서 나올 것이다!"

이 위대한 데스티니, 청년의 때, 벧엘에서 주셨던 하나님의 약속을

다시 기억나게 하시고, 그곳으로 다시 초대해주신다! 야곱의 인생은

청년의 때 만났던 하나님, 그때 주신 비전, 인생의 데스티니를 붙잡

고 온 인생이었다!

인생의 고비마다 벧엘로 돌아가라

나도 그랬다. 벧엘에서 만난 하나님. 청년 때의 비전. 그것이 평생을 달려온 원동력이자 힘이었다. 아무리 나이가 들어도 늙지 않는 것은 벧엘의 약속이 있기 때문이다. 이루어야 할 사명이 있고, 이루어질 비전이 있기에 늙어도 늙지 않으며, 죽어도 죽지 않는 것이다. 이것이 바로 청년의 때 만난 벧엘의 하나님이다!

당신은 벧엘이 있는가? 언약이 상기되고, 되살아나는 곳이 있는가? 비전이 죽지 않고 살아 있게 하는 장소가 있는가? 혹시 벧엘의 언약이 퇴색되지는 않았는가? 오랫동안 잊고 지내지는 않았는가? 오늘 주님께서 초청하신다. 벧엘로 돌아가라. 돌아가서 보아라. 네가 쌓았던 돌을 보아라. 아직도 그곳에 꿋꿋하게 서 있는 그 돌무더기가 보이느냐? 네 육신은 늙었을지라도, 그 돌은 변치 않고 그 곳에 서 있다. 그 돌들이 변치 않고 서 있는 한 벧엘의 약속은 퇴색되지 않는다! 보이는가? 청년의 때에 맺은 언약이! 오늘 하나님께서 말씀하신다. 돌아가라. 벧엘로 돌아가라. 돌아가서 네가 쌓고 기름 부었던 돌들을 다시 바라보아라!

야곱은 위기의 순간마다 그의 데스티니를 기억나게 해주는 벧엘로 돌아갔다. 이것이 야곱이 마지막까지 그의 데스티니를 경주할 수 있었던 힘의 원천이었다. 당신은 벧엘이 있는가? 그것이 없다면, 오늘 시작하라. 하나님을 만나라. 우리를 지으시고 우리를 인도하시는 분, 인생의 고비마다 우리를 기억하시고 구원하시는 분! 고아와

과부를 멸시치 않으시며, 오갈 데 없고 기댈 곳 없는 청년 야곱을, 길거리에서 돌베개 베고 자던 야곱을 버려두지 않으신 하나님! 그분은 벧엘의 하나님이시다! 야곱뿐 아니라 나에게도, 그리고 당신에게도!

10

당신은 브니엘이 있는가? - 야곱 2

22 밤에 일어나 두 아내와 두 여종과 열한 아들을 인도하여 얍복 나루를
건널새 23 그들을 인도하여 시내를 건너가게 하며 그의 소유도 건너가게
하고 24 야곱은 홀로 남았더니 어떤 사람이 날이 새도록 야곱과 씨름하다
가 25 자기가 야곱을 이기지 못함을 보고 그가 야곱의 허벅지 관절을 치매
야곱의 허벅지 관절이 그 사람과 씨름할 때에 어긋났더라 26 그가 이르되
날이 새려하니 나로 가게 하라 야곱이 이르되 당신이 내게 축복하지 아니
하면 가게 하지 아니하겠나이다 27 그 사람이 그에게 이르되 네 이름이 무
엇이냐 그가 이르되 야곱이니이다 28 그가 이르되 네 이름을 다시는 야곱
이라 부를 것이 아니요 이스라엘이라 부를 것이니 이는 네가 하나님과 및
사람들과 겨루어 이겼음이니라 29 야곱이 청하여 이르되 당신의 이름을 알
려주소서 그 사람이 이르되 어찌하여 내 이름을 묻느냐 하고 거기서 야곱
에게 축복한지라 30 그러므로 야곱이 그 곳 이름을 브니엘이라 하였으니

그가 이르기를 내가 하나님과 대면하여 보았으나 내 생명이 보전되었다 함이더라 31 그가 브니엘을 지날 때에 해가 돋았고 그의 허벅다리로 말미암아 절었더라 창 32:22-31

야곱이 자신의 데스티니를 풀어가는 두 번째 장소는 브니엘이다. 하란에서 크게 성공하여 일가를 이룬 야곱은 삼촌 라반의 집에 더 이상 머물 수 없었다. 삼촌을 떠나 고향인 가나안으로 다시 돌아가기 위해 길을 떠났다. 그런데 문제가 있다. 집을 떠난 이후 한 번도 형 에서와 연락한 적이 없었다는 것이다!(집에 연락 좀 하고 살자…) 집을 떠나 올 때 형 에서는 부모님만 돌아가시면 야곱을 죽이겠다고 이를 갈았는데, 두렵다. 사람을 보내 알아보니 에서가 사백 명을 이끌고 야곱에게 온단다. 죽이러 오는 건지, 환영하러 오는 건지… 환영하러 오는데 사백 명이나 이끌고 온다는 것이 좀 이상하다. 복잡한 심정으로 얍복 나루터에 이른다. 이제 이 강을 건너면 그곳은 에서의 땅이다. 잠을 못 이루고 뒤척인다.

그런데 그곳, 후에 브니엘이라 불리는 그 얍복 나루터에 다시 하나님이 나타나신다. 그리고 야곱이 하나님과 밤새도록 씨름한다. 무슨 씨름이냐고? 성경을 보자.

> 9 야곱이 또 이르되 내 조부 아브라함의 하나님, 내 아버지 이삭의 하나님 여호와여 주께서 전에 내게 명하시기를 네 고향, 네 족속에게로 돌아가라 내가 네게 은혜를 베풀리라 하셨나이다 10 나는 주께서 주의 종에게 베푸신 모든 은총과 모든 진실하심을 조금도 감당할 수 없사오나 내가 내 지팡이만 가지고 이 요단을 건넜더니 지금은 두 떼나 이루었나이다 11 내가 주께 간구하오니 내 형의 손에서, 에서의 손에서 나를 건져내시옵소서 내가 그를 두려워함은 그가 와서 나와 내 처자들을 칠까 겁이 나기 때문이니이다 12 주께서 말씀하시기를 내가 반드시 네게 은혜를 베풀어 네 씨로 바다의 셀 수 없는 모래와 같이 많게 하리라 하셨나이다 창 32:9-12

"하나님, 벧엘에서 나에게 약속하신 것이 있지 않습니까? 이 땅, 내 고향으로 돌아오리라 하지 않으셨습니까? 그 약속을 이루어주십시오. 벧엘에서 약속하신 것이 있지 않습니까? 내 씨로 바다의 셀 수 없는 모래와 같이 많게 하리라 하지 않으셨습니까? 여기서 죽으면 그 약속은 어떻게 되는 것입니까? 그러니 살려주십시오."

벧엘이 언약이 시작되는 장소라면, 브니엘은 그 언약을 이루기 위해 씨름하는 장소다. 그리고 이것이 우리의 데스티니를 풀어가는 두 번째 장소다. '벧엘의 하나님'을 이미 만났다면, 이제 그 언약을 이루어가기 위한 씨름의 장소에서 '브니엘의 하나님'을 만나야 한다. 나의 데스티니를 하나님 앞에서 요구하며 부르짖는 곳, 밤이 새도록 하나님 앞에 나가 약속을 요구하며, 이루실 때까지 물러나지 않겠다고 씨름하는 장소. 그렇다, 브니엘은 약속의 성취를 요구하는 기도의 장소다.

"하나님께서 나를 축복하지 않으시면, 절대로 이곳을 떠날 수 없습니다!"

벧엘에서 주어진 데스티니의 약속은 브니엘의 씨름을 통해 성취된다. 브니엘 씨름의 본질을 오해하지는 말라. 그것은 겉으로 보이는 것처럼 하나님을 졸라서 언약을 이루시도록 하는 싸움이 아니다. 브니엘의 씨름은, 내 인생의 데스티니를 막고 있는 장벽들과 맞서 싸우는 것인데, 그 장벽은 하나님 쪽에 있는 장벽이 아니라 오히려 내 쪽에 있는 장벽이다. 브니엘 씨름의 본질에 대해 더 파헤쳐보자. 당신도 해야 하는 씨름이니까.

승패는 브니엘의 밤에 결정된다

브니엘 씨름의 본질은 첫째, 우리의 씨름은 혈과 육에 속한 것이 아니라 영적인 세계에 속한 씨름이라는 것이다.

> 우리의 씨름은 혈과 육을 상대하는 것이 아니요 통치자들과 권세들과
>
> 이 어둠의 세상 주관자들과 하늘에 있는 악의 영들을 상대함이라
>
> 엡 6:12

눈에 보이는 야곱의 문제는 에서의 군대였지만, 진짜 싸움은 브니엘(얍복)에서 이루어졌다. 눈에 보이지 않는 씨름인 영적 전쟁에서 승리했을 때, 눈에 보이는 에서와의 전쟁은 이미 결판이 났다. 하나님께서 에서의 마음을 움직이셔서 싸우지도 않고 끝나게 하셨다. 이것이 데스티니의 장벽들을 돌파하는 방법이다. 우리 인생의 문제들은 기도로 결판을 내야 한다. 우리의 전쟁은 눈에 보이는 에서의 군대와 싸우는 것이 아니기 때문이다.

야곱의 씨름이 보여주는 영적인 원리가 있다. 그것은 '눈에 보이는 전쟁'은 그 전쟁이 시작되기 전에 이미 승패가 결정된다는 것이다. 에서와의 싸움은 브니엘에서 '결정된 결과'가 그저 집행되는 것뿐이었다. 하늘이 움직이면 땅은 그에 따라 풀어져 간다.

당신의 승부처는 어디인가? 눈에 보이는 문제들과 맞닥뜨렸을 때

라면 미안하지만 늦었다. 승부는 눈에 보이는 상황이 일어나기 전에, 하나님과 씨름하며 밤을 꼬박 지새운 브니엘에서 이미 결정되어 있어야 한다. 하나님과 독대하는 브니엘의 씨름을 통과한 사람은 승부가 이미 결정된 것을 알기에 에서의 군대를 만나도 평안이 있다.

그러나 승패가 결정되는 브니엘의 밤을 갖지 못한 사람은 에서의 군대 앞에서 무엇을 해야 할지 모르고 당황해서 혈과 육에 속한 씨름을 하게 된다. 에서와 맞서 싸우기 위해 나의 군대를 모으고 점검한다. 이 싸움에 동원할 수 있는 나의 자원들을 계수해보는 것이다. "내 손에 있는 자원들"을 계수하는 것은 혈과 육에 속한 전쟁의 공통적인 특징이다.

내가 가진 자원이 에서의 군대보다 많으면 일단 마음이 놓인다. 이 전쟁은 내가 이길 것 같다. 그 결과 하나님이 필요 없어진다. 내 자원으로도 이길 수 있는데 뭘. 싸울 만하다. 인생 살 만하다! 하나님? 별로 필요치 않다. 성경은 이것을 '교만'이라고 하는데, 교만은 패망의 선봉이다. 왜냐하면 이번 전쟁은 이길 수 있을지 모르지만, 인생을 살다보면 내 힘으로 이길 수 없는 전쟁을 맞이하는 날이 언젠가 반드시 오기 때문이다. 그날에는 어떻게 할 것인가? 방법이 없다. 그래서 교만은 언젠가 반드시 우리를 패망으로 이끈다.

반대로 내가 가진 자원이 에서의 군대보다 적을 때가 있다. 야곱이 그랬다. 이 전쟁은 질 것 같고 걱정이 된다. 불안해서 잠을 이루지 못한다. 어떻게 하면 이 열세를 만회할지 연구한다. 꾀를 내고, 사람들의 도움을 모색한다. 인터넷 지식 검색을 의지하고, 은행의 대출 창구를 의지하고, 돈의 힘을 의지하고, 인맥을 의지한다. 뇌물과 접대가 난무한다. 불의가 나를 지배하기 시작한다. 이 역시 하나님의 진노와 심판의 대상이다. 망하는 길이다.

이 두 반응은 모두 브니엘의 밤이 없을 때 온다. 브니엘의 밤이 없기에 혈과 육에 속한 싸움을 싸워야 할 때, 승부가 결정되지 않은 싸움을 내 힘으로 싸워야 할 때, 필연적으로 나타나게 되는 반응이다. 이 싸움을 싸우게 되는 사람은 불행한 사람이다. 우리의 싸움은 에서를 만나기 전에 이미 끝나 있어야 한다. 하나님 앞에서, 기도의 자리에서, 씨름의 자리에서, 브니엘에서 이미 끝나 있어야 한다. 그래서 에서를 만날 때는 승리의 확신에서 오는 평안이 있어야 한다.

싸우기를 향방 없는 자같이 하지 말라. 우리가 씨름하는 곳은 브니엘이다. 에서의 군대는 그저 하늘이 움직이면 따라 움직이는 그림자일 뿐이다. 영적인 원리가 그렇다. 하늘에서 하나님이 결정하시면, 땅에서는 그저 그 결정에 따라 움직일 뿐이다. 그림자를 만들어내는 본체와 씨름해야지, 그림자와 싸워서는 승산이 없다. 보이는 전쟁이 아니라 보이지 않는 전쟁이 본체다. 데스티니 여정에서 만나는 장벽들은 에서를 만나기 전, 브니엘에서 결정된다는 것을 기억하라.

브니엘의 씨름은 야곱의 환도 뼈가 탈골되고 나서야 비로소 끝났다. 브니엘 씨름의 두 번째 본질은, 이 씨름은 환도 뼈가 탈골되는 씨름이라는 것이다. 환도 뼈는 몸을 지탱하는 뼈 중 하나다. 이 뼈가 부러지거나 탈골되면 스스로 걸을 수 없다. 환도 뼈가 탈골된다는 것은 하나님 없이 스스로를 지탱하려는 자아와의 싸움을 상징한다. 내가 스스로 할 수 있다고 생각하는 자아, 하나님을 의지할 필요가 없다고 말하는 자아, 선악과를 따먹는 자아, 그 자아가 꺾이는 것을 의미한다. 브니엘 씨름의 본질은 마귀를 꾸짖어 떠나게 하는 것이 아니라 환도 뼈가 탈골되는 것이다.

흔히 영적 전쟁이라고 하면 마귀와의 싸움을 생각하는데, 그것만이 영적 전쟁은 아니다. 브니엘에서 야곱이 싸웠던 영적 전쟁은 마귀와의 씨름이 아니라 '하나님과의 씨름'이었다. 왜 하나님과 씨름하느냐고? 내가 하나님께 동의가 안 되니까! 내가 하나님께 동의하면 씨름은 할 필요가 없다. "하나님, 좋은 생각입니다. 그렇게 하지요. 끝!" 이러면 된다. 그런데 이것이 안 되면 밤새 씨름할 수밖에. 이것이 브니엘 씨름의 본질이다.

브니엘에 이르기 전까지 야곱은 평생 '눈에 보이는 전쟁'을 '자기 힘'으로 싸워 온 사람이었다. 형 에서의 발꿈치를 잡고 태어났다고 해서 이름도 야곱이다. 태어남과 동시에 에서와의 전쟁이었다! 야곱과 달리 힘이 장사인데다가 아버지 이삭의 지지를 받는 형 에서! 그래서 사기를 친다. 팥죽 한 그릇으로 에서를 속이고, 어머니와 공모하여 이삭을 속인다. 혈과 육에 속한 씨름을 한 사람 야곱, 하나님이 아니라 자기 꾀와 힘을 의지해 살아온 사람 야곱! 벧엘의 하나님을 만나고 나서도 혈과 육으로 살아가는 야곱의 삶은 바뀌지 않았다. 힘과 꾀로 재산을 모은다. 브니엘의 씨름이 아니라 자기의 꾀와 능력을 의지한 싸움을 치열하게 싸우며 여기 압복 나루까지 왔다.

그런 야곱이 드디어 임자를 만났다. 내 꾀와 능력으로는 도저히 어찌할 수 없는 상황을 만난 것이다. 사기를 쳐서도 안 돼, 군대로도 안 돼, 뇌물로도 안 돼, 도무지 에서를 어떻게 할 도리가 없다. 비로소 야곱이 중대한 기로에 선다. 내가 지금까지 살아왔던 방식, 내 판단과 내 힘을 의지하는 '자아의 삶'을 고수할 것인지, 아니면 불안하고 위험해 보이지만 하나님께서 일하실 것을 의지하고 그분께 전쟁을 맡기는 '믿음의 삶'을 선택할 것인지. 야곱은 선택해야 했다. 이것이 브니엘 씨름의 본질이자 우리가 싸워야 하는 영적 전쟁의 본질이다. 내 생각과 힘을 의지할 것인가, 아니면 이해할 수 없고 불안하지만, 하나님을 신뢰하고 그분의 뜻에 순종할 것인가?

하나님께서 야곱의 환도 뼈를 치셨을 때, 그래서 야곱이 혼자서는 걸을 수 없게 되었을 때 비로소 씨름이 끝났다. 야곱이 자아를 꺾은 것이다! 야곱이 브니엘의 씨름에서 승리했다. 이 승리는 참 이상하다. 환도 뼈가 꺾이고 육신의 자아가 패배해야 승리한다.

당신에게는 하나님 앞에서 자아를 꺾는 브니엘의 씨름이 있었는 가? 용서가 안 되는 사람을 용서하는 씨름, 나의 권리를 포기하는 씨름, 눈에 보이는 쉬운 길과 눈에 보이지 않는 좁은 길 사이에 선택 해야 하는 씨름, 성공을 포기하는 씨름, 마음에 안 드는 형제를 축 복해야 하는 씨름, 끓어오르는 분노를 온유와 회개로 바꾸는 씨름, 말씀 앞에 모든 것을 내려놓고 순종하는 씨름, 언제 끝날지 모르는 길고 어두운 터널을 믿음으로 참으며 통과해야 하는 씨름…. 브니 엘의 밤, 마리아가 했던 위대한 승리의 고백 "주의 여종이오니 말씀 대로 내게 이루어지이다." 이 고백의 밤이 당신에게도 있었는가?

이 씨름을 통과하는 순간, 에서의 마음을 바꾸시는 것은 하나님 의 몫이었다. 에서와의 전쟁은 하나님에게 어려운 일이 아니었다. 정 말 어려운 것은 브니엘의 씨름이었다. 브니엘의 씨름은 정말 쉽지 않 다. 결코 쉽지 않다. 존 웨슬리가 이야기했다.

"누가 자아와의 싸움을 쉽다고 했는가?"

브니엘은 벧엘의 약속을 이뤄가는 통로다

벧엘의 하나님을 좋아하는 사람은 많지만, 브니엘의 하나님을 좋 아하는 사람은 많지 않다. 벧엘의 하나님은 나와 함께하시는 하나 님, 나를 위로하시는 하나님, 나를 축복하시는 하나님이시기에 모 두가 좋아한다. 그러나 나의 환도 뼈를 치시는 하나님? 자아가 꺾어질 때까지 나와 밤새 씨름하시는 하나님? 이 하나님은 글쎄….

"노 땡큐! 그저 벧엘의 하나님으로 남아주실 수는 없나요?"

어쩌면 현대 교회의 위기는 브니엘을 통과하지 않으려는 데서 오는 것이 아닐까?

자아가 꺾인 사람은 결과에 연연하지 않는다. 에서의 군대가 오든, 하나님이 에서의 마음을 바꾸시든, 그냥 주께서 하시는 대로 다 맡긴다. 씨름에서 이긴 '브니엘의 사람'에게는 이 평강이 있다.

벧엘의 하나님을 만났다고 해서 데스티니가 저절로 이루어지지는 않는다. 에서를 통과하지 못하는 한 야곱의 데스티니는 없다. 그리고 에서를 통과하는 것은 에서보다 강한 군대를 가지는 것이 아니라, 브니엘의 씨름에 있다. 당신은 브니엘의 밤을 지났는가? 환도 뼈가 탈골된 경험이 있는가? 당신은 지금 다리를 절고 있는가? 브니엘의 씨름은 벧엘의 약속을 이루어가는 통로다.

이름의 전쟁

야곱의 환도 뼈가 탈골되자 하나님께서 야곱에게 새로운 이름을 주신다.

27 그 사람이 그에게 이르되 네 이름이 무엇이냐 그가 이르되 야곱이

니이다 28 그가 이르되 네 이름을 다시는 야곱이라 부를 것이 아니요 이스라엘이라 부를 것이니 이는 네가 하나님과 및 사람들과 겨루어 이 겼음이니라 창 32:27,28

"네 이름은 더 이상 야곱이 아니라 이스라엘이다."

'야곱'은 "속이는 자, 사기꾼"이라는 뜻이고 '이스라엘'은 "하나님의 것, 하나님의 통치를 받는 자"라는 뜻이다. 하나님께서 야곱의 이름을 "속이는 자, 사기꾼"에서 "하나님의 통치를 받는 하나님의 사람"으로 바꾸셨다. 브니엘 씨름의 세 번째 본질은 '이름의 전쟁'이다.

"나는 누구인가? 나는 나 자신을 누구로 알고 있는가?"

자기 정체성, 아이덴티티의 전쟁이 브니엘의 씨름이다. 사람은 그가 스스로에 대해 믿고 있는 자기 정체성(identity)에 따라 일관성 있게 행동한다. 겉으로 보기에는 이해할 수 없는 행동도, 그가 스스로 인식하고 있는 자기 정체성이 무엇인지를 이해하고 나서 보면, 나름의 일관성이 있다. 행동이 일관되지 않다는 것은, 그가 스스로 인식하고 있는 아이덴티티가 일관되지 않은 데서 오는, 소위 '정체성의 혼란'(identity crisis)에서 오는 현상이다.

그래서 정체성이 바뀌면 행동도 바뀐다. 예를 들어 아이를 낳아 부모가 되면 청년 때와는 다른 변화된 삶을 살게 된다. 책임감도 더 생기고, 엄마들은 처녀 때에는 생각할 수도 없던 누군가(아기)에게 헌신된 삶을 살게 된다. 이 변화된 삶의 근원은 '엄마 아빠'라는 새로운 아이덴티티다. "나는 더 이상 청년, 싱글 아무개가 아니라, 누구의 아빠다"라는 신분에 대한 새로운 자각이 그의 삶을 바꾼 것이다.

브니엘의 씨름은 내가 누구인지를 자각하는 씨름이다. 하나님은 우리를 '이스라엘'이라고 부르신다. 그런데 나는 나를 야곱이라고 우긴다.

"너는 야곱, 사기꾼 야곱이 아니라 이스라엘이야!"

못 알아듣는다. 아니, 안 알아듣는다.

"아니요. 내가 어떻게 이스라엘입니까? 나는 야곱입니다. 지금까지도 사기꾼으로 살았고, 지금도 야곱으로 살고 있고, 앞으로도 이 운명은 바뀌지 않을 것입니다. 나는 영원한 사기꾼, 야곱입니다."

"아니야. 너는 야곱이 아니야. 이전에는 야곱이었을지 몰라도 이제는 아니야. 너는 이스라엘이야. 하나님의 사람, 이스라엘!"

"아니요. 저는 야곱입니다."

이것이 밤새 씨름한 브니엘의 싸움이었다. 당신은 당신을 누구로 알고 있는가? 하나님이 당신을 부르시는 이름을 들었는가? 이전에는 당신이 누구였는지 몰랐겠지만, 더 이상은 아니다. 브니엘을 거친 사람은 하나님께서 주시는 새로운 이름을 받는다. 하나님께서 아브람을 아브라함, 사래를 사라라고 부르셨다. 야곱을 이스라엘이라 부르시고, 황폐한 이스라엘을 헵시바라, 쁄라라 부르셨다. 로암미를 암미라 부르시고, 로루하마를 루하마라 부르셨다. 당신은 하나님이 당신을 부르시는 이름을 들었는가? 브니엘에서 새로운 이름을 받았는가? 야곱은 브니엘에서 새로운 이름을 받는다.

"아! 나는 이스라엘이구나! 나는 눈앞의 이익에 급급해 사기나 치는 야곱(사기꾼)이 아니구나! 나는 에서의 군대 앞에서 밤새 두려워하며 떨, 그런 존재가 아니구나! 나는 열국의 아비가 될 존재이고, 하나님의 나라를 이어갈 약속의 사람이구나!"

브니엘의 씨름을 통해 야곱이 새로운 아이덴티티를 얻는다. 이것이 야곱의 브니엘이다. 당신은 어떤가? 브니엘에서 새 이름을 받았는가? "하나님의 자녀요, 예수 그리스도의 신부이며, 그분의 친구"라 불리는 이 위대한 이름! 함부로 살 수 없는 그 이름! 이 이름의 전쟁에서 승리했는가?

신앙은 두 이름의 전쟁이다. 첫째는 '예수 이름의 전쟁'이고, 둘째는 '내 이름의 전쟁'이다. 예수의 이름을 무엇이라고 알고 있는가? 그분의 이름을 '창조주'로 알고 있는가? 예수의 이름을 '구원자'로 알고 있는가? 예수의 이름을 '죽은 자를 살리시는 능력'으로 알고 있는가? 예수의 이름을 '다시 오셔서 통치하실 영원한 왕'으로 알고 있는가? 내가 알고 있는 예수의 이름이 내가 경험할 예수의 이름이다.

이 영원한 왕 앞에서 나의 이름은 무엇인가? 사기꾼 야곱인가? 아니면 이스라엘인가? 황폐한 자인가, 아니면 헵시바요 쁄라인가? 당신은 그분의 이름을 무엇이라 부르며, 당신의 이름을 무엇이라 듣고 있는가? 브니엘의 씨름은 이 '두 이름의 전쟁'이다.

나의 데스티니 네임

나는 겉보기와 달리, 내적인 자책감이 심한 편이다. 2005년에서 2006년으로 넘어가는 겨울, 한 달 가량 미국의 한 도시에서 기도하는 시간을 가졌다. 목회를 시작하기는 했지만, 특별한 돌파의 경험도, 변화도 없던 나는 갈급함에 기도에 들어갔다. 브니엘의 기도였다. 하루는 저녁에 기도를 시작하는데 하나님께서 말씀하기 시작하셨다. 귀로 들리는 음성은 아니었는데 귀로 듣는 것보다 더 강렬하고 선명한 말씀이었다. 초저녁에 시작된 하나님의 말씀은 새벽까지 계속되었고 이 특별한 하나님과의 조우는 이후에 내 사역의 방향을 새롭게 결정하는 계기가 되었다.

그날 밤 하신 말씀 중에 하나는 이슬람 사역에 관한 것으로, 비록 우리 교회는 한국에 있지만 우리 교회에 주신 데스티니는 무슬림들에게 복음을 전하고 그들을 섬기는 것이라는 내용이었다. 마치 중동 땅 한가운데서 살아 계신 하나님을 증언했던 다니엘처럼, 중동이 나에게 주신 유업이라고 말씀하셨다. 그리고 그런 의미에서 내게 '다니엘'이라는 새 이름을 주셨다. 하나님이 나를 다니엘이라고 부르시는 신기한 경험을 한 것이다!

이런 특별한 체험에 익숙하지 못한 나는 몹시 혼란스러웠다.

"하나님, 이런 경험이 익숙하지 않아 혼란스럽습니다. 죄송하지만 확증을 구합니다. 며칠 뒤 미국에 사시는 말레이시아 목사님 한 분과 점심 약속이 있는데, 그 분을 통해서 저를 다니엘이라고 불러주시면 그것을 확증으로 삼겠습니다."

물론 그 목사님은 나를 '성준'으로 알고 계신 분이었고 그 만남이 첫 만남이었다. 며칠 뒤 목사님을 만나 식사를 하고 많은 이야기를 나누었다. 교제를 마치고 함께 손을 잡고 기도를 시작했다. 그런데 놀랍게도 목사님의 첫 마디는 "Lord, he is your Daniel(주님, 이 사람은 당신의 다니엘입니다)"이었다. 기도는 계속되었다.

"Even though his church is in Korea, his inheritance is muslim"(비록 그의 교회는 한국에 있지만, 그의 유업은 무슬림입니다).

목사님의 기도는 며칠 전 내가 들었던 그 말씀을 그대로 되풀이하고 있었다. 그리고 얼마 후, 그날의 약속대로 교회 앞에 중동으로 향하는 문이 열렸고, 지금은 수십 명의 선교사들이 중동 이곳저곳에서 난민들을 섬기고 있다.

그날 나는 하나님께 새 이름을 받았다. 그곳은 나의 브니엘이었다. 야곱이 브니엘을 떠나며 얻은 것은 새 이름이었다. 새로운 삶을 살게 할 위대한 이름, 이스라엘! 당신의 새 이름은 무엇인가? 받지 못했다고? 아직 브니엘에 들르지 않았구나! 브니엘로 오라. 새로운 인생을 살아갈 당신의 이름표가 준비되어 있다. 당신은 더 이상 야곱이 아니다. 당신의 이름은 이스라엘이다!

하나님과 함께 이루어가는
당신의 데스티니 스토리를 위하여!

데스티니는 '정답 찾기'가 아니라 여정이다. '하나님과 함께 걷는 여정'이다. 즐거움과 승리가 가득한 때도 있는 반면, 이해할 수 없는 시간을 보내야 할 때도 있다. 거친 바람에 방향을 잃기도 하고, 넘어 졌다가 일어나 멈췄던 여정을 다시 시작하기도 한다. 하나님은 이 모든 순간을 그분의 기억 속에 담아두신다. 당신과 함께 걸으며 만든 이 이야기들이 하나님의 기쁨이기 때문이다.

오늘 당신은 어느 곳을 지나고 있는가? 삼손과 마주보고 있다고? 저런… 당신 안의 삼손과 싸우고 있다니 파이팅! 응원한다. 삼손은 힘이 장사이니 조심하라. 나도 싸워봐서 아는데, 그는 쉽게 무릎 꿇 지 않는다. 그러나 삼손을 무릎 꿇리지 않는다면, 당신의 데스티니 역시 삼손의 데스티니와 크게 다르지 않을 것이다.

돌을 쌓고 있다고? 벧엘에 도착한 모양이다. 그곳은 하나님과의 새로운 언약이 시작되는 곳이니 소중히 여기라. 앞으로도 그곳에 자주 들르게 될 것이다. 위기의 순간마다 오늘 쌓은 돌들이 당신에게 큰 위로와 격려가 되어줄 것이다. 오갈 데 없고 기댈 곳 없던 청년, 돌베개를 베고 길가에 누워 자던 청년을 버려두지 않으신 하나님! 나를 찾아오셔서 이스라엘이라 불러주신 하나님! 돌 하나하나에 잘 기록해두어라. 데스티니가 방향을 잃어갈 때, 나의 데스티니가 희미 해져 갈 때, 그 돌들이 당신의 데스티니를 일깨워줄 것이다!

다리를 절고 있다니 저런! 어젯밤에 브니엘에 있었다면 비록 다리 는 절게 되었지만, 새 이름표를 받았으리라! 새 이름표에 무엇이라 적혀 있는지 나에게도 보여주기 바란다. 당신의 새 이름을! 아직 새 이름표가 없다고? 그렇다면 아직 씨름이 끝나지 않은 것이다. 씨름 은 오늘밤에도 계속 될 것 같은데…. 오, 가련한 야곱이여! 빨리 씨 름을 끝내고 새 이름표를 받아라. 당신의 영원한 이름이 될 '데스티 니 네임'(Destiny Name)을!

이해할 수 없는 상황 속에 간혀서 혼란스러운가? 그렇다면 아벨의 시간을 지나고 있는지 모른다. 모든 것을 다 이해하려고 하기보다는, 하나님을 신뢰하라. 당신이 다 알 수 없는 그분의 계획이 분명히 있다. 어쩌면 당신이 이해할 수 없는 그 상황은, 다른 누군가의 데스티니와 합쳐져서 하나님의 완벽한 계획을 드러내게 될지도 모른다. 이해하려고 하기보다는 사랑하라. 사랑은 결코 실패하지 않는다. 사랑은 당신과 다른 누군가의 데스티니를 하나로 이어줄 것이다. 당신 앞에 펼쳐진 이해할 수 없는 상황은 '하나 된 데스티니'의 반쪽일지 모른다. 다른 누군가가 살아내고 있을 나머지 반쪽과 사랑으로 합쳐질 때, 비로소 온전한 데스티니를 이루게 될 것이다.

회막에서 하나님과 대면하고 있다면 절대로 그 시간을 놓치지 말라. 바로 그곳이 당신의 데스티니가 계시되고 시작되는 곳이다! 회막에 들어가려고 하면 다른 중요한 일들이 떠오를 것이다. 하지만 속지 말라. 회막보다 더 중요한 일은 없으니까 말이다.

장벽이 눈앞을 가로막고 있는가? 그렇다면 오리처럼 땅을 기어다니지 말고 날개를 펴라. 그래, 활짝 펴고 날아올라라! 당신은 오리가 아니라 백조다! 창공으로 훌쩍 날아올라 저 높은 상공에서 땅을 내려다보라! 높고 높게만 느껴졌던 장벽이 장난감처럼 보이지 않는가? 그래, 그렇게 하늘에서 내려다보라! 당신은 백조니까!

데스티니 두 번째 이야기를 다 읽었는가? 그렇다면 이제 새 이야기를 시작해보자. 데스티니 세 번째 이야기를. 내 이야기 말고 당신의 이야기, 하늘 서재에 영원히 보관될 당신의 데스티니 이야기를.

자, 일어나라. 기드온이여. 오늘이 당신의 포도주 틀 이야기가 시작되는 날이다!

나의 데스티니 찾기

초판 1쇄 발행	2018년 9월 10일
초판 9쇄 발행	2024년 4월 19일

지은이	고성준
펴낸이	여진구
책임편집	안수경 최현수
편집	이영주 박소영 김도연 김아진 정아혜
책임디자인	노지현 마영애 ㅣ 조은혜 이하은
홍보 · 외서	진효지
마케팅	김상순 강성민	마케팅지원	최영배 정나영
제작	조영석 허병용	경영지원	김혜경 김경희

303비전성경암송학교 유니계과정
이슬비전도학교 / 303비전성경암송학교 / 303비전꿈나무장학회

펴낸곳	규장

주소 06770 서울시 서초구 매헌로 16길 20(양재2동) 규장선교센터
전화 02)578-0003   팩스 02)578-7332
이메일 kyujang0691@gmail.com   홈페이지 www.kyujang.com
페이스북 facebook.com/kyujangbook   인스타그램 instagram.com/kyujang_com
카카오스토리 story.kakao.com/kyujangbook
등록일 1978.8.14. 제1-22

책값 뒤표지에 있습니다.
ISBN 978-89-6097-551-4 03230

규 | 장 | 수 | 칙

1. 기도로 기획하고 기도로 제작한다.
2. 오직 그리스도의 성품을 사모하는 독자가 원하고 필요로 하는 책만을 출판한다.
3. 한 활자 한 문장에 온 정성을 쏟는다.
4. 성실과 정확을 생명으로 삼고 일한다.
5. 긍정적이며 적극적인 신앙과 신행일치에의 안내자의 사명을 다한다.
6. 충고와 조언을 항상 감사로 경청한다.
7. 지상목표는 문서선교에 있다.

하나님을 사랑하는 자 곧 그의 뜻대로 부르심을 입은 자들에게는 모든 것이 合力하여 善을 이루느니라(롬 8:28)

규장은 문서를 통해 복음전파와 신앙교육에 주력하는 국제적 출판사들의
협의체인 복음주의출판협회(E.C.P.A:Evangelical Christian Publishers
Association)의 출판정신에 동참하는 회원(Associate Member)입니다.